BIBLE in Hand 교양인을 위한 성경

구약 | 신명기

시민의 조건

해제 김근주

봄이다 프로젝트

해제 **김근주** | 기독연구원 느헤미야 연구위원

서울대학교 경제학과를 졸업하고, 장로회신학대학교 신학대학원에서
목회학 석사(M.Div.)와 신학 석사(Th.M.) 학위를 받은 후,
영국 옥스퍼드대학교에서 칠십인역 이사야서의 신학적 특징을 다룬
논문(The Identity of the Jewish Diaspora in the Septuagint Isaiah)으로
박사(D.Phil.) 학위를 받았다.
기독연구원 느헤미야 연구위원이며, 일산은혜교회 협동목사로 섬기고 있다.
〈복음의 공공성〉(비아토르), 〈특강 예레미야〉 〈특강 이사야〉(IVP),
〈나를 넘어서는 성경 읽기〉 〈소예언서 어떻게 읽을 것인가 1, 2, 3〉(이상 성서유니온),
〈구약의 숲〉 〈다니엘처럼〉 〈네 이웃을 네 몸과 같이〉(이상 대장간),
〈구약으로 읽는 부활 신앙〉(SFC출판부) 등을 펴냈다.

구약 | 신명기

시민의 조건

추천사

믿음에 관심이 있거나 새로 예수를 믿게 된 사람들이 성경을 읽어야 하는데, 이때 전권을 주고 읽으라고 하면 질려서 잘 읽지를 못한다. 이런 사람들에게 이 책을 권하면 좋을 것 같다. 새번역을 사용하고 있고, 읽으면서 생길 수 있는 질문에 답을 주는 짧은 주석이 붙어 있어서 재미있게 읽을 수 있기 때문이다. 이 낱권 성경책은 특별히 비신자 전도에 집중하는 가정교회에서 잘 활용할 수 있을 것이다. 처음 성경을 접하는 분들이 성경을 쉽게 이해하고, 성경 읽는 데 자신감이 생길 것이다.

_ **최영기** | 휴스턴서울교회 은퇴목사, 국제가정교회사역원 초대원장

베스트셀러를 주로 읽는 요즘 사람들은 정작 인류 최고의 베스트셀러인 성경에는 무지하다. 일반인들이 성경을 읽으려면 먼저 성경은 종교적 경전의 모양새에서 벗어나야 한다. 이 책은 바로 그런 목적으로 출간되었다. 이제 종교적인 편견을 버리고 성경을 읽고, 세계 시민에 걸맞은 교양을 가져보자.

_ **방선기** | 일터개발원 이사장

거룩할 '성'과 날 '경' 자로 구성된 성경(聖經)은 우리 삶이 혼돈의 심연으로 빠져들지 않도록 지켜주는 수직의 중심이다. 사람들이 성경에는 오류가 없어야 한다고 믿는 것은 그 때문이다. 성경을 읽다가 모순되는 지점을 발견하는 순간 경건한 사람들은 마치 연모하던 이의 비밀스러운 모습을 본 것처럼 민망해한다. 기독교에 대해 반감을 가진 이들은 '잘코사니!' 하면서 공격의 빌미를 삼는다. 민망해할 것도 없고, 쾌재를 부를 것도 없다. 김근주 교수와 권연경 교수의 안내를 받아 성경 속을 거닐다 보면 그 모순 속에 담긴 삶의 심오함에 가 닿을 것이다. 교회 밖의 사람들은 물론이고 기독교인에게도 이 책은 좋은 길잡이가 되어주리라 믿는다.

_ **김기석** | 청파교회 담임목사

일러두기

01

이 책에 사용된 한글 번역본은 대한성서공회의 허락을 받아 〈성경전서 새번역〉(2001년)을 사용했습니다.
기독교 성서를 번역, 출판, 반포하는 대한성서공회는 〈성경전서 새번역〉에 대해 "원문의 뜻을 우리말 독자들이 이해할 수 있도록 정확하게 번역하고, 쉬운 현대어로, 우리말 어법에 맞게, 한국교회에서 사용할 수 있도록 번역된 성경"이며, "번역이 명확하지 못했던 본문과 의미 전달이 미흡한 본문은 뜻이 잘 전달되도록 고쳤다. 할 수 있는 대로 번역어투를 없애고, 뜻을 우리말로 표현하려고 노력했다. 그러나 신학적으로 중요한 본문에서는 원문을 그대로 반영하려고 노력했다. 대화문에서는 현대 우리말 존대법을 적용했다"고 밝히고 있습니다.

02

성경 본문 하단은 성경을 읽으면서 생기는 궁금한 내용에 대해 질문과 해제 형식으로 담아냈습니다. 질문은 편집부에서 만들고, 해제는 구약성경은 김근주 교수(기독연구원 느헤미야), 신약성경은 권연경 교수(숭실대 기독교학과)가 맡았습니다.

성경 본문입니다.

장을 말합니다.

절을
말합니다.

겠고, 나를 애써 찾을 것이지만, 나를 만나지 못할 것이다. 29
이것은 너희가 깨닫기를 싫어하며, 주님 경외하기를 즐거워하
지 않으며, 30 내 충고를 받아들이지 않으며, 내 모든 책망을
업신여긴 탓이다. 31 그러므로 그런 사람은 제가 한 일의 열매
를 먹으며, 제 꾀에 배부를 것이다. 32 어수룩한 사람은 내게
등을 돌리고 살다가 자기를 죽이며, 미련한 사람은 안일하게
살다가 자기를 멸망시키지만, 33 오직 내 말을 듣는 사람은 안
심하며 살겠고, 재앙을 두려워하지 않고 평안히 살 것이다."

약자를 말합니다.
〈성경의 구성〉(9p)을
참고하십시오.

{ 제2장 }

지혜가 주는 유익

1 아이들아, 내 말을 받아들이고, 내 명령을 마음속 깊이 간직
하여라. 2 지혜에 네 귀를 기울이고, 명철에 네 마음을 두어라.
3 슬기를 외쳐 부르고, 명철을 얻으려고 소리를 높여라. 4 은
을 구하듯 그것을 구하고, 보화를 찾듯 그것을 찾아라. 5 그렇

갑자기 독자들을 '아이들'(1절)이라고 부르네요. 어린이들에게 주는 당부인가요? 어느 시대, 어느 사회에서든 마찬가지겠지만, 최초의 교육이면서 가장 중요한 교육이 일어나는 곳은 당연히 가정일 것입니다. 비록 많은 부모가 이를 잘 행하지 못해서 부끄럽기도 하지만, 가정이야말로 가장 근본적인 교육의 현장입니다. '아이들'이라는 표현은 가정에서 이루어진 교육을 반영합니다. 바울이 디모데를 자신의 아들이라 표현했듯이(딤전 1:2), 고대 세계에서 스승은 제자를 곧잘 '아들'이라 불렀습니다. 그래서 "아이들아"와 같은 표현은 스승 앞에 모여 있는 어리거나 젊은 제자들의 모습을 떠올리게 합니다.

성경의 해당 부분
책 이름입니다.

잠언 *21*

질문과 해제입니다.

성경, 구약 39권 + 신약 27권

성경은 한 권의 책이 아닙니다. 기원전 1천 년 전부터 기원후 2세기에 이르기까지 아주 긴 시간 동안 쓰여진 다양한 책들의 묶음입니다. 성경은 66권의 책으로 구성되어 있습니다. 그 책들은 저자도, 내용도, 형식도, 분량도 모두 다릅니다. 성경은 크게 구약과 신약으로 구분되며, 구약은 39권, 신약은 27권으로 구성되어 있습니다.

또 성경에는 여러 종류의 번역판이 있는데, 이 책은 대한성서공회가 최근에 번역해 출간한 〈성경전서 새번역〉(2001년)을 채택하고 있습니다.

성경의 구성

구약

율법서	창세기(창) 출애굽기(출) 레위기(레) 민수기(민) 신명기(신)
역사서	여호수아기(수) 사사기(삿) 룻기(룻) 사무엘기상(삼상) 사무엘기하(삼하) 열왕기상(왕상) 열왕기하(왕하) 역대지상(대상) 역대지하(대하) 에스라기(라) 느헤미야기(느) 에스더기(더)
시가서	욥기(욥) 시편(시) 잠언(잠) 전도서(전) 아가(아)
대선지서	이사야서(사) 예레미야서(렘) 예레미야 애가(애) 에스겔서(겔) 다니엘서(단)
소선지서	호세아서(호) 요엘서(욜) 아모스서(암) 오바댜서(옵) 요나서(욘) 미가서(미) 나훔서(나) 하박국서(합) 스바냐서(습) 학개서(학) 스가랴서(슥) 말라기서(말)

신약

복음서	마태복음서(마) 마가복음서(막) 누가복음서(눅) 요한복음서(요)
역사서	사도행전(행)
바울서신	로마서(롬) 고린도전서(고전) 고린도후서(고후) 갈라디아서(갈) 에베소서(엡) 빌립보서(빌) 골로새서(골) 데살로니가전서(살전) 데살로니가후서(살후) 디모데전서(딤전) 디모데후서(딤후) 디도서(딛) 빌레몬서(몬)
공동서신	히브리서(히) 야고보서(약) 베드로전서(벧전) 베드로후서(벧후) 요한1서(요일) 요한2서(요이) 요한3서(요삼) 유다서(유)
예언서	요한계시록(계)

※괄호 안은 각 책을 줄여서 표기할 때 쓰는 약자입니다.

신명기

Deuteronomy

신명기를 읽는 독자들에게

순종은 복과 생명으로,
불순종은 저주와 사망으로,
이제 선택은 우리의 몫

하나님께서 이스라엘을 사랑하셨고, 이제 이스라엘은
그에 응답해 하나님을 사랑하도록 부름받았습니다.
그래서 신명기의 또 다른 매우 중요한 개념은 '언약' 혹은 '계약'입니다.
무조건적으로 부어주시는 은혜를 강조하기보다는,
그렇게 하나님의 구원을 경험한 이들을
하나님의 '언약 백성'으로 세우면서 그에 응답하는 삶,
즉 언약에 합당한 삶을 살도록 촉구하는 책이 신명기입니다.
순종하는 이들에게는 복과 생명이, 불순종하는 이들에게는
저주와 사망이 주어질 것이니, 그 선택은 이제 이스라엘의 몫입니다.

신명기라는 이름은 '되풀이된 명령에 대한 기록' 정도를 의미합니다. '되풀이'라는 표현이 나온 까닭은 영어 이름인 Deuteronomy에서 비롯되었을 것이며, 이 단어는 '두 번째 율법'을 의미합니다. 신명기 17장 18절을 보면 임금은 율법책을 한 부 더 옮겨 적어서 가까이 두고 읽도록 했습니다. 여기의 한 부 더 옮겨 적은 '복사본'에 해당하는 히브리어 단어에서 영어 제목이 나왔습니다. 신명기라는 이름은 그 자체로 우리 일상 바로 가까이에 두고 읽고 또 읽어야 하는 하나님의 율법을 의미하는 셈입니다.

약속의 땅을 앞에 두고 지난 40년을 되돌아보며

신명기의 첫 단락은 신명기 말씀의 배경을 요단강 건너편 모압 땅이라고 알려줍니다(1:5). 신명기 1장 3절에 따르면 이때는 출애굽, 즉 이집트를 떠난 지 40년째 되는 해의 열한 번째 달 첫째 날이고, 광야 40년 생활이 그야말로 끝나가는 시점입니다. 광야에서의 40년 방랑을 마치고 이제 이스라엘은 곧 약속의 땅에 들어가 정착하게 됩니다.

신명기는 지난 40년의 방랑을 되돌아보면서 이스라엘이 어떠했고 하나님께서는 어떻게 행하셨는지를 상기시키고, 이제 들어갈 땅에서 하나님의 율법을 따라 살아갈 것을 말 그대로 '신신당부'합니다. 신명기는 이러한 반복된 '신신당부'를 다음과 같이 모세를 통해 전해진 세 번의 설교 형태로 구성했습니다.

> **첫 번째 설교(1:1–4:43)** : "이것은 모세가 요단강 동쪽 광야에서 … 선포한 말씀이다"(1:1)
>
> **두 번째 설교(4:44–28:68)** : "모세가 … 선포한 율법은 다음과 같다 … 그곳은 요단강 동쪽 벳브올 맞은쪽 골짜기…"(4:44, 46)
>
> **세 번째 설교(29:1–30:20)** : "이것은 … 모세에게 명하여 모압 땅에서 … 세우신 언약의 말씀이다"(29:1)

첫 번째 설교에서 모세는 요단 동쪽 광야에 이르기까지 40년 과정을 요약하면서 하나님의 규례와 법도를 지키는 삶을 잊지 말 것을 촉구합니다. 모세는 이스라엘을 두고 '위대한 민족'이라고 부르는데, 이러한 위대함은 영토의 크기나 인구의 많음, 경제력 같은 것이 아니라 '기도할 때마다 우리 가까이에 계시는 하나님을 모시는 민족', '이스라엘이 받은 율법과 같은 바른 규례와 법도를 가진 민족'이기 때문입니다(4:7–8). 4장 44절부터 28장 마지막까지 이르는 두 번째 설교는 그 분량과 위치에 있어서 신명기의 중심이며 핵을 이룹니다. 이 부분은 5장에서 소개되는 십계명을 비롯해 하나님께서 이스라엘에게 주신 규례와 법도의 내용을 상세히 일러줍니다. 이 가운데 11장까지는 과거의 불순종과 실패를 유념해 하나님을 사랑하고 율법을 지킬 것을 강조하는 내용을 다룬다면, 12장부터는 하나님 율법의 세부 내용을 소개합니다. 이 부분에서는 예배 처소, 제사 규례, 다른 신을 섬기는 것에 대한 금지 규례, 정결 규례, 십일조, 7년 면제년, 절기 규례, 재판 규례, 도피성, 사회생활에 대한 규례 등 이스라엘의 일상과 연관된 방대한 내용을 다룹니다.

그래서 12-26장을 가리켜 보통 '신명기 법전'이라고 부릅니다. 특히 이 법전의 첫머리인 12장은 '하나님이 자기의 이름을 두려고 거처로 삼으시고 택하신 그곳'에 찾아가서 예배해야 한다는 점을 강조하는데(12:5, 6, 11, 13-14, 18, 26, 27), 이를 '신명기의 제의 중앙화 규례'라고 표현합니다. '하나의 백성 이스라엘이 하나님께서 택하신 한 곳에서 한 하나님을 예배하는 것', 이것이 신명기의 핵심 명제입니다. 27장은 이러한 율법을 따라 살기로 했을 때 공동체가 함께 거행하는 의식을 다루고, 28장은 이 규례를 따를 때 누리는 축복과 불순종할 때 겪을 재앙을 소개합니다.

고대 조약문 형태로 하나님과 이스라엘의 관계를 표현한 책

세 번째이자 마지막 설교인 29-30장은 모세의 마지막 당부 같은 설교로, 앞에 나온 내용을 다시 반복하면서 하나님의 명령을 지킬 것을 당부합니다. 31장에서 모세는 여호수아를 자신명기 17장 18절을 보면 임금은 율법책을 한 부 더 옮겨 적어서 가까이 두고 읽도록 했습니다. 여기의 한 부 더 옮겨 적은 '복사본'에 해당하는 히브리어 단어에서 영어 제목(Deuteronomy)이 나왔습니다. 신명기라는 이름은 그 자체로 우리 일상 바로 가까이에 두고 읽고 또 읽어야 하는 하나님의 율법을 의미하는 셈입니다.

신을 이을 후계자로 세우며, 7년마다 율법을 함께 읽는 시간을 가지도록 백성들에게 당부합니다. 32장은 하나님만이 참 신이심을 증언하는 모세의 노래고, 33장은 이스라엘 지파들에 대한 모세의 기도입니다. 마지막 34장은 모세의 죽음에 대한 간략한 기록을 전하면서 모세의 특별함을 부각시킵니다. 모세의 특별함을 언급하는 것은 단순히 한 개인을 찬양하기 위함이 아니라, 모세를 통해 전해진 율법 말씀을 소중히 다룰 것을 강조하기 위한 목적 때문일 것입니다.

신명기를 여러 번 읽고 연구했던 학자들은 신명기의 짜임새가 고대 중동 지역의 종주권 조약과 비슷하다는 점을 알아차렸습니다. 한 나라가 다른 나라보다 더 강할 때 두 나라 사이에 조약을 체결했는데, 이 조약문은 두 나라 사이의 그간의 역사와 종주국이 속국에 베푼 은혜로운 행동을 강조하는 내용이 담긴 역사적 서언, 충성과 신실함을 요구하며 구체적 조항을 밝힌 본문, 이 조약에 대한 증인을 세우고 조약문 보관 장소와 정기적으로 낭독할 것을 규정하는 부분, 그리고 이 조약에 따른 축복과 저주 등의 내용으로 이루어집니다.

신명기 역시 하나님과 이스라엘의 지난 관계와 하나님께서 베푸신 구원, 하나님께서 명하신 율법, 율법을 보관하고 정기적으로 읽을 것에 대한 요구, 그에 따른 축복과 저주로 이루어집니다. 따라서 신명기는 고대 조약문을 알고서 그 형태를 사용해 하나님과 이스라엘의 관계를 표현했음을 짐작할 수 있습니다.

언약 백성으로 언약에 합당한 삶을

신명기에서 이스라엘을 향한 가장 중요한 명령이 있다면 그것은 "마음을 다하고 힘을 다하여 하나님을 사랑하라"입니다(6:5). 신명기와 고대 조약문의 비교를 통해 여기서의 '사랑'은 단순히 감정적인 것이 아니라 조약을 맺은 속국이 종주국에게 표현해야 하는 충성을 의미한다는 것을 알 수 있습니다. 그래서 이스라엘이 하나님을 떠나 우상을 섬기는 것은 충성을 의미하는 사랑을 저버린 행동이며, 이스라엘과 하나님 사

신명기에서 이스라엘을 향한 가장 중요한 명령이 있다면 그것은 "마음을 다하고 힘을 다하여 하나님을 사랑하라"입니다. 신명기와 고대 조약문의 비교를 통해 여기서의 '사랑'은 단순히 감정적인 것이 아니라 조약을 맺은 속국이 종주국에게 표현해야 하는 충성을 의미한다는 것을 알 수 있습니다. 그래서 이스라엘이 하나님을 떠나 우상을 섬기는 것은 충성을 의미하는 사랑을 저버린 행동이며, 이스라엘과 하나님 사이에서 가장 결정적인 범죄가 됩니다.

이에서 가장 결정적인 범죄가 됩니다.

신명기 전체가 이스라엘이 행하고 지켜야 할 규례들이라고 할 때, 이러한 규례는 먼저 하나님의 은혜로운 구원을 경험한 자들을 하나님의 언약 상대로 세운다는 점에서 이스라엘을 존귀하게 대하시는 하나님을 보여줍니다. 하나님께서 이스라엘을 사랑하셨고, 이제 이스라엘은 그에 응답해 하나님을 사랑하도록 부름받았습니다.

그래서 신명기의 또 다른 매우 중요한 개념은 '언약' 혹은 '계약'입니다. 무조건적으로 부어주시는 은혜를 강조하기보다는, 그렇게 하나님의 구원을 경험한 이들을 하나님의 '언약 백성'으로 세우면서 그에 응답하는 삶, 즉 언약에 합당한 삶을 살도록 촉구하는 책이 신명기입니다. 순종하는 이들에게는 복과 생명이, 불순종하는 이들에게는 저주와 사망이 주어질 것이니, 그 선택은 이제 이스라엘의 몫입니다.

{ 제1장 }

서론

1 이것은 모세가 요단강 동쪽 광야에서 모든 이스라엘 사람
에게 선포한 말씀이다. 그때에 그들은 숩 가까이에 있는 요단
계곡에 있었다. 한쪽에는 바란 마을이 있고, 다른 한쪽에는
도벨과 라반과 하세롯과 디사합의 여러 마을이 있는데, 바로
그 사이에 이스라엘 사람들이 있었다. 2 (호렙에서 세일산을
지나 가데스바네아까지는 열하루 길이다.) 3 이집트에서 나
온 지 사십 년째가 되는 해의 열한째 달 초하루에, 모세는 주
님께서 이스라엘 자손에게 말하라고 명하신 모든 것을 그들
에게 말하였다. 4 이때는 모세가 헤스본에 사는 아모리 왕 시
혼을 치고, 아스다롯과 에드레이에 사는 바산 왕 옥을 무찌른
다음이었다. 5 모세는 요단강 동쪽 모압 땅에서 이 율법을 설
명하기 시작하였다.
6 ○ "우리가 호렙산에 있을 때에, 주 우리의 하나님이 우리

1절은 육하원칙에 충실한 딱 떨어지는 기사문처럼 보입니다. 모세는 어떤 인물이며, 선포한 말씀이란 무엇입니까? 모세는 이집트를 떠난 이스라엘을 지금까지 이끈 지도자입니다. 지도자라고 하지만 모세의 가장 중요한 역할은 1절에서 보는 것처럼 이스라엘 백성에게 말씀을 선포하는 일입니다. 그렇다고 모세가 자신의 지식이나 경험을 나누며 "나 때는 말이야" 같은 소리를 하는 사람은 아닙니다. 5절에서 보듯 그는 '하나님의 율법'을 백성들에게 설명하고 전했습니다. 특히 신명기는 그 전체가 모세의 설교라고 할 수 있습니다. 3절은 이 시점이 이집트를 떠나온 지 40년째 되던 해의 열한째 달 초하루라고 알려줍니다. 모세는 가나안 땅에 들어가지 못하기에, 신명기는 모세의 고별 설교라고 할 수 있습니다.

에게 다음과 같이 말씀하셨습니다."
○ "너희는 이 산에서 오랫동안 머물렀으니, 7 이제 방향을 바
꾸어 나아가, 아모리 사람의 산지로 가거라. 그 인근 모든 지
역, 곧 아라바와 산지와 평지와 남부 지역과 해변으로 가거라.
또 가나안 사람의 땅과 레바논과 저 멀리 있는 큰 강, 유프라
테스강까지 가거라. 8 내가 너희 앞에 보여주는 이 땅은, 나 주
가 너희에게 주겠다고, 너희 조상 아브라함과 이삭과 야곱에
게 맹세한 땅이니, 너희는 그리로 가서 그 땅을 차지하여라."

모세가 지도자를 임명하다(출 18:13-17)

9 ○ "그때에 내가 당신들에게 말하였습니다. '당신들을 지도
할 책임을 나 혼자서 질 수 없습니다. 10 주 당신들의 하나님
이 당신들을 불어나게 하셔서, 오늘날 당신들이 하늘의 별처
럼 많아졌기 때문입니다. 11 주 당신들의 조상의 하나님이 당
신들을 천 배나 더 많아지게 하시고, 약속하신 대로 당신들에
게 복을 주실 것입니다. 12 그러니 나 혼자서 어떻게 당신들의

모세는 당신들의 문제, 짐, 시비를 혼자 감당할 수 없다는 이유로 리더십을 위임 또는 이양합니다. 이것은 무슨 의미인가요? 사람 사는 곳에는 문제가 있고 시비가 있습니다. 모든 이가 하나님을 신뢰하며 섬긴다 해도 문제가 다 없어질 순 없고, 억울한 일은 있기 마련입니다. 그래서 재판 제도는 사람이 살아가는 곳에서는 필수입니다. 재판 말고는 자신의 억울함을 해결할 길이 없는, 가난하고 힘없는 사람에게는 특히 그렇습니다. 그런데 재판관의 숫자가 너무 적다면 재판을 신청하는 이들은 지나치게 긴 시간을 기다려야 할 것이며, 이것은 더 많은 문제를 일으킬 수 있습니다. 그래서 모세는 백성들 가운데 여러 재판관을 세워 일을 분담합니다. 모세의 과중한 업무도 줄이는 것이지만, 무엇보다 누구라도 억울한 일이 있다면 바로바로 재판을 받을 수 있게 하는 것이 목적이었습니다.

문제와 당신들의 무거운 짐과 당신들의 시비를 다 감당할 수
있겠습니까? 13 당신들은 각 지파에서 지혜가 있고 분별력이
있고 경험이 많은 사람들을 뽑으십시오. 그러면 내가 그들을
당신들의 지도자로 세우겠습니다.'
14 ○ 그러자 당신들이 나에게 대답하기를 '말씀하신 대로 하
는 것이 좋겠습니다' 하였습니다. 15 그래서 나는 당신들 가운
데서 뽑은, 지혜가 있고 경험이 많은 사람을 당신들 각 지파
의 대표로 세워서, 그들을 각 지파의 천부장과 백부장과 오십
부장과 십부장으로 삼았고, 각 지파의 지도자로 삼았습니다.
16 그때에 내가 당신들 재판관들에게 명령하였습니다. '당신
들 동족 사이에 소송이 있거든, 잘 듣고 공정하게 재판하시
오. 동족 사이에서만이 아니라, 동족과 외국인 사이의 소송에
서도 그렇게 하시오. 17 재판은 하나님께 속한 것이니, 재판을
할 때에는 어느 한쪽 말만을 들으면 안 되오. 말할 기회는 세
력이 있는 사람에게나 없는 사람에게나 똑같이 주어야 하오.
어떤 사람 앞에서도 두려워하지 마시오. 그리고 당신들이 판
단하기 어려운 것이 있거든, 나에게로 가져오시오. 내가 들어

"재판은 하나님께 속한 것"(17절)이란 무슨 말인가요? 사람이 판단하고 결정하는 것이 재판 아닌가요? 하나님이야말로 사람의 억울함과 원통함, 괴로움을 모두 아시는 분이며, 이를 보고 응답하고 사랑하시는 분입니다. 그래서 양자의 이야기를 듣고 올바르게 판결하는 재판은 참으로 하나님의 행하심을 닮은 행위입니다. "재판은 하나님께 속하였다"는 말은 재판이 지닌 중요성을 보여줍니다. 그와 더불어 중요한 점은 재판이 하나님의 것이니 사람을 차별해서는 안 된다는 것입니다. '유전무죄 무전유죄'라는 말은 재판관이 돈 있고 힘 있는 사람의 말만 들으며 가난하고 힘없는 이를 차별하는 것을 뜻합니다. 재판이 하나님께 속한 것임을 믿는다면, 재판에 연루된 이가 가난한 노동자든 대단한 재벌이든 오직 공정하게 판결해야 합니다.

보겠소.' 18 그때에 나는, 당신들이 해야 할 일을 모두 가르쳐
주었습니다."

정찰대를 보내다(민 13:1-33)

19 ○ "우리는 주 우리의 하나님이 우리에게 명하신 대로 하
였습니다. 호렙을 떠나, 우리가 본 그 크고 무서운 광야를 지
나서, 아모리 사람의 산지로 가는 길을 따라 가데스바네아까
지 이르렀습니다. 20 그때에 내가 당신들에게 일렀습니다.
'이제 당신들은 주 우리의 하나님이 우리에게 주시는 아모리
사람의 산지까지 왔습니다. 21 보십시오, 주 당신들의 하나님
이 주신 땅이 당신들 앞에 있습니다. 주 당신들 조상의 하나
님이 당신들에게 말씀하신 대로, 올라가서 차지하십시오. 두
려워하지도 말고, 겁내지도 마십시오.'
22 ○ 그러나 당신들은 다 나에게 와서 이렇게 말하였습니다.
'땅을 탐지할 사람들을 먼저 보내서, 우리가 올라갈 길과 우리

하나님은 그 땅에 올라가 차지하라고 명령하지만 백성들은 사전 탐지와 확인을 요청합니다. 모세도 동의하고요. 백성들 입장에서 보면 나름 합리적인 결정 같은데, 무슨 문제가 있는 건가요? 그러한 제안 자체는 아무런 문제가 없습니다. 이와 같은 내용을 다룬 구약성경 민수기 13장 1-20절에서는 하나님께서 먼저 정탐하는 정찰대를 보내라고 명하신 것으로 나옵니다. 하나님께서 주겠다고 약속하셨다 해서, 마치 그저 땅에서 돈을 줍듯이 그 땅을 얻을 수 있는 건 아닙니다. 만일 그렇게 된다면 이스라엘은 스스로의 힘으로는 아무것도 할 수 없는, 마냥 하나님께만 매달리는 철부지가 될 것입니다. 하나님의 약속이 없었더라면 두렵고 무서워서 생각도 못 할 일인데, 하나님의 약속으로 인해 용기를 내고 이렇게 미리 정찰대를 보내 살피기도 하면서 이스라엘은 스스로 그 땅으로 진격해 들어가야 합니다. 하나님께서 그들에게 약속을 주시고 시시때때로 도우시는 가운데, 이스라엘은 믿음으로 순종해 용기 있게 나아가야 합니다.

가 쳐들어갈 성읍들이 어떠한지, 그 땅을 정찰하여 우리에게
보고하게 하자.' 23 내가 듣기에도 그 말은 옳은 말이어서, 나
는 각 지파에서 한 사람씩 열두 사람을 뽑았습니다. 24 뽑힌
사람들은 산지로 올라가서, 에스골 골짜기에 이르기까지, 그
땅을 두루 다니면서 탐지하였습니다. 25 그들은 그 땅에서 난
열매들을 따 가지고 내려와서 우리에게 보고하기를, '주 우리
의 하나님이 우리에게 주신 땅이 좋다'고 하였습니다.
26 ○ 그러나 당신들은 주 당신들의 하나님의 말씀을 거역하
고, 올라가려고 하지 않았습니다. 27 당신들은 장막 안에서
원망하면서 말하였습니다. '주님께서 우리를 미워하신다. 아
모리 사람의 손에 우리를 내주어 전멸시키려고, 우리를 이집
트 땅에서 이처럼 이끌어내셨다. 28 우리가 왜 그곳으로 가야
한단 말이냐? 무모한 일이다. 그 땅을 탐지하고 돌아온 우리
의 형제들은, 그곳 사람들이 우리보다 힘이 훨씬 더 세고 키
가 크며, 성읍은 하늘에 닿을 듯이 높은 성벽으로 둘러싸여
있다. 거기에는 아낙 자손들까지 산다고 하지 않았느냐?'
29 ○ 그때에 내가 당신들에게 이렇게 말하였습니다. '그들을

27절에 나오는 백성들의 반응을 보면 하나님에 대한 신뢰가 전혀 없어 보입니다. 그들은 정말 하나님을 믿지 못했던 건가요? 28절을 볼 때, 정찰하고 돌아온 이들은 "과연 그 땅이 좋다"는 보고와 더불어 "그곳에 사는 이들은 힘이 세고 강하며 성읍은 견고하다"는 보고도 했을 것입니다. 땅이 좋다는 보고보다, 그 땅에 사는 원주민들이 무척이나 강하고 성벽도 견고하다는 보고가 그만 백성들의 마음을 낙심하게 했습니다. 눈앞에 맞닥뜨릴 현실이 자신들에게는 힘겹다 싶어지자, 하나님을 향한 원망과 불신이 봇물처럼 터져나온 것입니다. 그러다 보니 하나님께서 여기서 우리를 죽이려고 이집트에서 이끌어내셨다는 말까지 나옵니다. 하지만 그럴 리가 없겠지요. 가혹하고 만만치 않은 현실은 하나님을 신뢰하며 살아가는 우리의 마음을 이처럼 온통 흔들어버립니다.

무서워하지도 말고 두려워하지도 마시오. 30 당신들 앞에서
당신들을 인도하여주시는 주 당신들의 하나님은, 이집트에서
당신들이 보는 앞에서 당신들을 대신하여 모든 일을 하신 것
과 같이, 이제도 당신들을 대신하여 싸우실 것이오. 31 또한
당신들은, 주 당신들의 하나님이, 마치 아버지가 아들을 돌
보는 것과 같이, 당신들이 이곳에 이를 때까지 걸어온 그 모
든 길에서 줄곧 당신들을 돌보아주시는 것을, 광야에서 직접
보았소.' 32 그런데도 당신들은 아직도 주 당신들의 하나님을
믿지 않습니다. 33 당신들이 진 칠 곳을 찾아주시려고 당신들
앞에서 당신들을 인도하여주셨는데도, 그리고 당신들이 갈
길을 보여주시려고 밤에는 불기둥으로 낮에는 구름기둥으로
인도하여주셨는데도, 당신들은 아직도 주 당신들의 하나님을
믿지 않습니다."

주님께서 이스라엘을 벌하시다(민 14:20-45)

34 ○ "주님께서는 당신들의 말을 들으시고, 진노하셔서 맹세

이야기의 흐름을 보면 갈렙과 여호수아만 그 땅에 들어갑니다. 두 사람이 선택된 이유는 무엇인가요? 36절에서 보듯, 갈렙과 여호수아는 정찰대의 보고에 이어진 온 백성의 원망과 불평 속에서도 하나님의 약속을 신뢰하며 따랐습니다. 그들에 관한 내용은 이 사건을 다룬 또 다른 본문인 구약성경 민수기 13장 1절부터 14장 10절에 좀 더 상세하게 나옵니다. 여호수아와 갈렙의 특별함은 다른 이들보다 더 뛰어난 능력에 있지 않습니다. 하나님께서 그들을 이집트에서 건져내셨다는 것, 그리고 그들에게 약속하신 대로 땅을 주실 것임을 눈앞의 어려움에도 불구하고 굳게 신뢰했다는 점에서 다릅니다. 땅을 주실 것을 끝까지 믿으며 자신들보다 더 강해 보이는 적들을 향해 나아갔으니, 두 사람은 결국 약속하신 땅에 들어가 그 땅을 차지하고 누리게 될 것입니다. 중요한 것은 능력이 아니라 믿음과 신뢰입니다.

하여 말씀하시기를 35 '이 악한 세대의 사람들 가운데는, 내
가 너희의 조상에게 주기로 맹세한 좋은 땅을 볼 사람이 하나
도 없을 것이다. 36 다만 여분네의 아들 갈렙만이 그 땅을 볼
것이다. 그가 정성을 다 기울여 나 주를 따랐으므로, 나는 그
와 그 자손에게 그가 밟은 땅을 주겠다' 하셨습니다. 37 주님
께서는 당신들 때문에 나에게까지 진노하셔서 말씀하시기를
'너 모세도 그리로 들어가지 못한다. 38 그러나 너의 보좌관
눈의 아들 여호수아는 그리로 들어갈 것이다. 그는 이스라엘
을 그 땅으로 인도하여 그 땅을 유산으로 차지하게 할 사람이
니, 너는 그에게 용기를 불어넣어 주어라' 하셨습니다.
39 ○ 주님께서는 또 우리에게 이르시기를 '적에게 사로잡혀
갈 것이라고 너희가 말한 어린아이들, 곧 아직 선악을 구별하
지 못하는 너희의 아들딸들은, 그리로 들어갈 것이다. 나는
그들에게 그 땅을 줄 것이며, 그들은 그것을 차지할 것이다.
40 너희는 발길을 돌려서, 홍해로 가는 길을 따라 광야로 가
거라' 하셨습니다. 41 그러자 당신들이 나에게 말하기를 '우리
가 우리 주님께 죄를 지었으니, 주 우리의 하나님이 우리에게

하나님의 경고를 무시한 채 이스라엘은 계속 제멋대로 행동하다가 패배를 맛봅니다. 이스라엘에게 하나님은 별로 신뢰할 만한 존재가 아니었나요? 호르마까지 쫓기게 된 전투는 하나님의 명령과는 무관한 전투였습니다. 이스라엘은 군사의 숫자나 전투력으로 이기는 집단이 아닙니다. 만일 그렇다면 성경의 이야기는 결국 능력 있는 사람이 잘되고 실력 있는 사람이 성공한다는 식의 이야기로 전락할 것입니다. 그런 이야기는 온 세상에 지긋지긋할 정도로 많지 않습니까? 이스라엘의 승리는 그들의 능력이나 숫자가 아니라, 오직 하나님께 달려 있습니다. 그래서 하나님의 약속을 신뢰하며 그 명령에 따라 일상을 순종하며 살아가는 것이 중요합니다. 언제든 주님의 말씀을 신뢰하며 한 걸음 나아가고, 우리 마음이 제아무리 뜨거워도 주님의 말씀과 함께 멈춰 기다리는 태도가 필요합니다.

명하신 대로 다 올라가 싸우자' 하였습니다. 그러고는 각자 자
기의 무기를 들고, 경솔하게 그 산지로 올라갔습니다.
42 ○ 그때에 주님께서 나에게 말씀하시기를 '그들에게 전하
여라. 너희는 올라가지도 말고 싸우지도 말아라. 내가 너희
가운데 있지 않으니, 너희가 적에게 패할 것이다' 하셨습니다.
43 내가 이 말씀을 당신들에게 전하였지만 당신들은 듣지 않
았고, 주님의 말씀을 거역하고서, 당신들 마음대로 산지로 올
라갔습니다. 44 그러자 그 산지에 살던 아모리 사람이 당신들
을 보고, 벌 떼같이 쫓아 나와서, 세일에서 호르마까지 뒤쫓
으면서 당신들을 쳤습니다. 45 당신들이 돌아와 주님 앞에서
통곡을 했지만, 주님께서는 당신들의 소리를 듣지 않으시고,
귀도 기울이지 않으셨습니다."

이스라엘이 광야에서 보낸 해

46 ○ "우리가 가데스에 머무르며 그렇게 많은 날을 보내고
난 뒤에,

{ 제2장 }

1 우리는, 주님께서 명하신 대로 방향을 바꾸어서 홍해로 가
는 길을 따라 광야에 들어섰으며, 여러 날 동안 세일산 부근
에서 떠돌았습니다.
2 ○ 그때에 주님께서 나에게 말씀하시기를 3 '너는 이 백성
을 데리고 오랫동안 이 산 부근에서 떠돌았으니, 이제는 방향
을 바꾸어서 북쪽으로 가거라' 하셨습니다. 4 또 백성에게 지
시하라고 하시면서 말씀하시기를 '너희가 세일에 사는 에서의
자손 곧 너희 친족의 땅 경계를 지나갈 때에는, 그들이 너희
를 두려워할 터이니, 매우 조심하여라. 5 그들의 땅은 한 치도
너희에게 주지 않았으니, 그들과 다투지 말아라. 세일산은 내
가 에서에게 유산으로 주었다. 6 먹거리가 필요하면 그들에게
돈을 주고 사서 먹어야 하고, 물이 필요하면 돈을 주고 사서
마셔야 한다' 하셨습니다.

모세와 이스라엘 백성들은 지금 하나님의 명령을 따라 계속 이동하는 것으로 보입니다. 그들은 지금 왜, 어디로 가고 있는 건가요? 2장은 1장 6절에서 시작한 모세의 설교 내용입니다. 이 설교는 호렙산에서 모압 땅에 이르기까지의 여정을 먼저 회고하며 설명합니다. 호렙산(구약성경 출애굽기에서는 시내산이라고 부릅니다)에서 모세를 돕는 지도자들을 세운 일, 그리고 가데스바네아에서 정찰대를 보낸 일과 그 결과가 1장에서 다루어졌고, 이제 2장은 광야를 방랑했던 시간을 거쳐 에돔과 모압, 암몬을 지나 요단 동편 헤스본까지 이릅니다. 3장도 이스라엘의 행군에 대해 다룬 후 4장에 가서야 모세의 실질적인 당부가 나옵니다. 지금 모세의 설교를 듣는 이들은 출애굽 1세대가 아닌 2세대들입니다. 그래서 1–3장은 이제까지 거쳐왔던 여정을 되돌아보면서, 하나님께서 어떻게 그들을 인도하셨고 그때마다 이스라엘은 어떻게 응답했는지를 설명하며 이제 새로운 세대가 어떻게 살아가야 할지를 이야기하고자 합니다.

7 ○ 주 당신들의 하나님이 당신들이 하는 모든 일에 복을 내
려주시고, 이 넓은 광야를 지나는 길에서, 당신들을 보살펴
주셨으며, 지난 사십 년 동안 주 당신들의 하나님이 당신들
과 함께 계셨으므로, 당신들에게는 부족한 것이 아무것도 없
었습니다. 8 그래서 우리는 엘랏과 에시온게벨에서 시작되는
아라바 길을 따라 세일에 사는 우리의 친족인 에서의 자손이
사는 곳을 비켜 지나왔습니다.
○ 우리가 방향을 바꾸어 모압 광야에 이르는 길로 들어섰을
때에, 9 주님께서 나에게 말씀하시기를 '모압을 괴롭히지도
말고, 싸움을 걸지도 말아라. 그 땅은 내가 너에게 유산으로
주기로 한 땅이 아니다. 아르 지역은 내가 이미 롯의 자손에게
유산으로 주었기 때문이다. 10 (옛적에 그곳에는 에밈 사람이
살고 있었는데, 그들은 강하고 수도 많았으며, 아낙 족속처럼
키도 컸다. 11 그들은 아낙 족속처럼 르바임으로 알려졌으나,
모압 사람들은 그들을 불러서 에밈이라 하였다. 12 세일 지방
에도 호리 사람이 살고 있었으나, 에서의 자손이 그들을 쳐부
수고 그 땅을 차지하였다. 이것은 이스라엘 백성이 주님께서

하나님은 에서의 자손이 있는 땅, 롯의 자손이 있는 땅은 지나치라고 말합니다. 에서나 롯은 누구인가요? 하나님의 부르심을 따라 조상 대대로 살던 곳을 떠나 가나안 땅으로 이주해 실질적으로 하나님의 백성 이스라엘의 역사를 시작한 사람이 바로 아브라함입니다. 아브라함이 가나안으로 이주할 때 그와 함께했던 이가 조카 롯입니다. 구약성경 창세기 19장에 따르면 롯의 두 아들이 모압과 암몬입니다. 한편 아브라함의 아들이 이삭이고, 이삭에게는 에서와 야곱 두 아들이 있었습니다. 이삭의 아들 에서의 후손을 가리켜 '에돔'이라고 부릅니다. 신명기는 롯의 후손인 모압과 암몬, 에서의 후손인 에돔을 두고 이스라엘은 아니지만 하나님께서 이스라엘에게 가나안 땅을 주신 것처럼 그들이 거할 땅을 주신 백성이라고 표현합니다.

유산으로 주신 땅을 차지한 것과 같은 것이다.) 13 이제 일어
나서 세렛 개울을 건너거라!' 하셨습니다.
○ 그래서 우리는 세렛 개울을 건넜습니다. 14 가데스바네아
를 떠나서 세렛 개울을 건너기까지, 삼십팔 년 세월이 지나는
동안에, 주님께서 이스라엘 백성에게 맹세하신 대로, 그때의
모든 군인들이 진 가운데서 다 죽었습니다. 15 주님의 손이 그
들을 내리쳐서, 진 가운데서 그들을 완전히 멸하셨기 때문입
니다.
16 ○ 백성 가운데서 군인들이 하나도 남김없이 다 죽은 뒤
에, 17 주님께서 나에게 말씀하셨습니다. 18 '오늘 너는 모압
땅의 경계인 아르를 지나, 19 암몬 자손이 사는 곳에 다다를
것이니, 너는 그들을 괴롭히지도 말고, 싸우지도 말아라. 암
몬 족속의 땅은 내가 너에게 유산으로 주기로 한 땅이 아니
다. 그곳은 내가 이미 롯의 자손에게 유산으로 주었기 때문이

가데스바네아를 떠나 세렛 개울을 건너기까지 38년이 지나는 동안 모든 군인들이 다 죽었고, 이것은 주님이 이스라엘 백성에게 맹세한 것이라고 말합니다. 지리적으로 먼 거리를 이동하는 동안 엄청난 전투가 있었던 건가요? 가데스바네아에서 미리 보낸 정찰대의 보고를 들은 이스라엘 백성은 하나님을 불신하고 원망했고, 그로 인해 하나님께서는 여호수아와 갈렙을 제외하고 출애굽 1세대는 아무도 약속의 땅에 들어가지 못할 것이라고 선언하셨습니다. 결국 가데스바네아를 지나 세렛을 건너기까지 38년의 세월이 걸렸습니다. 뜻밖에도 성경은 이 기간에 일어난 전투나 자세한 여정에 대해 거의 다루지 않습니다. 전투가 빈번하고 대적이 강해서 오래 걸린 것이 아니라, 이스라엘의 불신앙과 불순종으로 인한 방랑이었기 때문일 것입니다. 하나님을 신뢰하지 않고 그분의 약속을 믿지 않은 이들이 하나님께서 주시는 땅을 얻고 누리지 못한다는 것은 사실 너무나도 당연한 이야기일 것입니다. 40년 방랑은 달리 보면 하나님께서 그분의 백성이 참으로 하나님을 신뢰하길 기다리며 인도하신 기다림의 시간이기도 할 것입니다.

다. 20 (이곳도 르바임 땅으로 알려진 곳이다. 전에는 거기에
르바임이 살았는데, 암몬 사람은 그들을 불러서 삼숨밈이라
고 하였다. 21 그 백성은 강하고 수도 많고 아낙 족속처럼 키
도 컸으나, 주님께서 그들을 암몬 사람들 앞에서 진멸시키셨
으므로, 암몬 사람이 그곳을 차지하고, 그들 대신에 그곳에
살았다. 22 이는 마치 주님께서 세일에 사는 에서의 자손에게
하신 일과 같다. 주님께서 에서의 자손 앞에서 호리 사람을 멸
망시키시니, 그들이 그 땅을 차지하고, 오늘날까지 호리 사람
의 뒤를 이어서 거기에서 산다. 23 이것은 또, 크레테에서 온
크레테 사람이, 가사 지역에 살던 아위 사람을 쳐부수고, 그들
의 뒤를 이어서 그곳에서 산 것과 마찬가지이다.) 24 너는 일
어나서 떠나거라. 그리고 아르논 개울을 건너라. 보아라, 내
가 아모리 사람 헤스본 왕 시혼과 그의 땅을 너희의 손에 넘
겼으니, 싸워서 차지하여라. 25 오늘 내가, 하늘 아래의 모든
백성이 너희를 무서워하고 두려워하게 할 것이니, 너의 소문
을 듣는 사람마다 떨며, 너희 때문에 근심할 것이다.'"

"그의 땅을 너희의 손에 넘겼으니, 싸워서 차지하여라"(24절)라는 말은 하나님이 이미 승패를 결정해두었다는 뜻인가요? '약속의 땅'이라는 표현은 이미 하나님께서 이스라엘에게 주시기로 약속했고 정하셨음을 의미합니다. 동시에 '약속이 땅'이기에 아직은 이스라엘이 그 땅을 차지하지 못하고 있다는 것을 보여줍니다. 이제 남은 것은 '약속을 현실로 만들기'입니다. 그 땅이 텅 빈 땅이 아니라, 이미 다른 민족이 살고 있고 그들이 호락호락한 상대도 아니기에 현실은 전혀 만만하지 않습니다. 그래서 가데스바네아에서 백성들이 불평하며 원망한 것을 이해할 수 있습니다. 신명기를 비롯해 성경은 사람으로 하여금 녹록지 않은 현실에 압도되어 그러한 현실을 당연한 것으로 여기지 말고, 하나님의 약속을 믿으며 이미 하나님께서 정하셨음을 믿고 현실 속으로 뛰어들라고 초대합니다. 믿음으로 한 발 현실 속으로 내딛기, 그것이 이스라엘에게 필요한 전부입니다.

26 ○ "그래서 나는 그데못 광야에서 헤스본 왕 시혼에게 사절
을 보내어 좋은 말로 요청하였습니다. 27 '임금님의 땅을 지나
가게 하여주십시오. 오른쪽으로나 왼쪽으로 벗어나지 아니하
고, 길로만 따라가겠습니다. 28 우리가 먹을 것이 필요하면,
임금님께서 우리에게 돈을 받고 파는 것만을 먹고, 마실 것이
필요하면, 임금님께서 돈을 받고 파는 것만을 마시겠습니다.
다만, 걸어서 지나가게만 하여주시기를 바랍니다. 29 세일 지
역에 사는 에서의 자손과 아르 지역에 사는 모압 사람이 우리
를 지나가게 하여주었으니, 우리가 요단강 건너, 우리의 하나
님 주께서 우리에게 주시는 땅에 이르도록, 우리를 지나가게
하여주시기를 바랍니다.' 30 그러나 헤스본 왕 시혼은 우리를
그 땅으로 지나가게 하지 않았습니다. 이것은, 주 당신들의 하
나님이 오늘처럼 그를 당신들의 손에 넘겨주시려고, 그의 마
음을 완고하게 하시고 성질을 거세게 하셨기 때문입니다.
31 ○ 주님께서 나에게 말씀하시기를 '보아라, 내가 시혼과 그
의 땅을 너에게 주었으니, 너는 이제부터 그 땅을 점령하여

모든 성읍에서 남자, 여자, 어린아이 할 것 없이 한 사람도 남기지 않고 전멸시켰다는 이야기는 매우 끔찍합니다. 요즘 같으면 어린아이까지 죽인 잔인함으로 뉴스가 도배되겠죠. 왜 이렇게까지 한 건가요? 가나안 정복전쟁은 거의 대부분 이렇게 남자와 여자, 어린아이 할 것 없이 전멸시켰다는 내용으로 가득합니다. 이에 대해서는 구약성경 여호수아기를 읽으면 도움이 됩니다. 신명기와 같은 책은 지금으로부터 최소 2,500년 전에 기록된 책이니만큼, 이러한 언급을 보며 글자 그대로 다 받아들이는 것은 적절하지 않을 겁니다. 종교가 다르다고 상대의 어린아이까지 다 죽이는 것은 오늘날 결코 용납될 수 없는 행동이니까요. 이와 같은 고대의 본문은 이

유산으로 삼아라' 하셨습니다. 32 시혼이 그의 군대를 이끌
고 우리와 싸우려고 야하스로 나왔습니다. 33 그러나 주 우
리 하나님이 그를 우리 손에 넘겨주셨으므로, 우리는 그와 그
의 아들들과 그의 온 군대를 쳐부술 수가 있었습니다. 34 그
때에 우리는 모든 성읍을 점령하고, 모든 성읍에서 남자 여자
어린아이 할 것 없이 한 사람도 남기지 않고 전멸시켰습니다.
35 오직 가축과 성읍에서 탈취한 물건만은 우리의 소유로 삼
았습니다. 36 주 우리의 하나님은 우리가 아르논 골짜기 끝에
있는 아로엘의 모든 성읍과 아르논 골짜기 가운데 있는 성읍
을 포함하여, 저 멀리 길르앗에 이르기까지 차지하게 하셨습
니다. 그래서 그 일대에서 우리가 빼앗지 못한 성읍이 하나도
없었습니다. 37 그러나 우리는, 암몬 자손의 땅과 얍복강 가
와 산지에 있는 성읍들과 또 우리 주 하나님이 우리에게 가지
말라고 하신 곳은, 어느 곳에도 접근하지 않았습니다."

제 이집트를 떠나온 노예였던 집단이 이미 나름대로 강력한 나라를 이루고 왕도 존재하는 헤스본 같은 곳과 싸워 승리하되 완전히 승리했음을 보여준다고 할 수 있습니다. 이스라엘은 약해 보이지만 하나님을 신뢰하며 한 걸음 나아갈 때 승리할 수 있음을 말합니다.

{ 제3장 }

이스라엘이 바산 왕 옥을 쳐부수다(민 21:31-35)

1 "그다음에 우리는 방향을 바꾸어서 바산 길로 올라갔습니다.
그러나 바산 왕 옥이 우리를 맞아 싸우려고, 자기의 군대를 모
두 거느리고 에드레이로 나왔습니다. 2 그때에 주님께서 나에
게 말씀하시기를 '그를 두려워하지 말아라. 내가 그와 그의 온
군대와 그의 땅을 너의 손에 넘겼으니, 전에 헤스본에 사는 아
모리 왕 시혼을 무찌른 것처럼 그를 무찔러라' 하셨습니다.
3 ○ 주 우리의 하나님은 바산 왕 옥과 그의 백성을 모두 우리
손에 넘겨주셨으므로, 우리는 그들을 한 사람도 남김없이 쳐
죽였습니다. 4 그때에 우리는 그의 성읍을 하나도 남김없이
다 점령하였는데, 바산 왕국의 옥이 다스린 아르곱 전 지역의

이스라엘의 지리적, 지형적 특징과 지명들이 열거되는데, 이해하기 어렵습니다. 대략 이들이 가는 행로는 어떻게 이해하면 쉬울까요? 사해의 오른쪽 가장 아래로 흘러들어오는 강이 세렛 시내이고, 사해의 가운데 오른쪽으로 흘러드는 강은 아르논강입니다. 세렛 시내 아래가 에돔이고, 세렛 시내와 아르논강 사이가 모압입니다. 사해 북쪽으로 흘러드는 요단강은 그 위쪽으로 올라가 갈릴리 호수에 연결됩니다. 이 요단강은 해발고도 2,800m가 넘는 헤르몬산에서 발원해 아래로 흘러 갈릴리 호수를 거쳐 사해까지 흐릅니다. 갈릴리 호수와 사해 가운데 즈음에 오른쪽에서 흘러드는 강이 얍복강이고, 갈릴리 호수 바로 아래쪽으로 흘러드는 강은 야르묵강입니다. 갈릴리 호수와 사해를 잇는 요단강 오른쪽 지역을 대략 길르앗이라 할 수 있고, 갈릴리 호수 동편 지역이 바산입니다. 길르앗의 남동쪽에 암몬이 있습니다. 갈릴리 호수에서 사해로 이어지는 요단강 주변 지역은 바다 수면보다 낮은 지역이며, 사해 같은 경우 바다 수면보다 최고 400m 낮기도 합니다. 요단강 양편으로는 다시 급격히 높아져 고원지대 혹은 산지를 이룹니다.

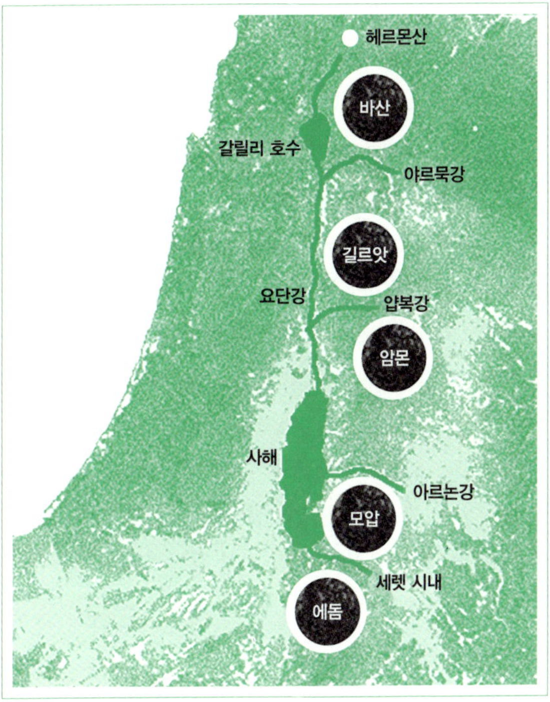
헤르몬산
바산
갈릴리 호수
야르묵강
길르앗
요단강
얍복강
암몬
사해
아르논강
모압
세렛 시내
에돔

성읍은 예순 개나 되었습니다. 5 이 성읍은 모두 높은 성벽과
성문과 빗장으로 방비되어 있었습니다. 그리고 그 밖에 성벽
이 없는 마을들도 많았습니다. 6 우리는 헤스본 왕 시혼에게
한 것처럼 그들을 전멸시키고, 모든 성읍에서 남자 여자 어린
아이 할 것 없이 전멸시켰습니다. 7 그러나 성읍에서 노획한
모든 집짐승과 물건들은 우리의 전리품으로 삼았습니다.
8 ○ 그때에 우리는, 요단강 동쪽 아르논 개울가에서 헤르몬
산까지의 땅을, 두 아모리 왕의 손에서 빼앗았습니다. 9 (시
돈 사람들은 헤르몬을 시룐이라 하였고, 아모리 사람들은 스
닐이라고 하였다.) 10 우리가 빼앗은 땅은, 고원지대의 모든
성읍과, 온 길르앗과 바산의 온 땅, 곧 바산 왕 옥이 다스리는
성읍인 살르가와 에드레이까지입니다."
11 ○ (르바임 족속 가운데서 살아남은 사람은 오직 바산 왕
옥뿐이었다. 쇠로 만든 그의 침대는, 지금도 암몬 자손이 사
는 랍바에 있다. 그것은, 보통 자로 재어서, 길이가 아홉 자요
너비가 넉 자나 된다.)

'그 땅'(12절)은 어디를 말하며, 르우벤 자손과 갓 자손과 므낫세 지파는 어떤 이들인가요? 10절에서 이야기하는 곳으로, 헤스본 왕 시혼의 땅과 바산 왕 옥의 땅입니다. 10절이 말하는 '고원지대'는 아르논강 북쪽, 길르앗 남쪽 지역을 가리킵니다. 결국 아르논강 너머 고원지대, 그 위의 길르앗, 그 위의 바산까지를 이스라엘이 차지했습니다. 가나안 땅에 진격해 들어가는 이스라엘은 스스로를 열두 지파의 연맹체 정도로 표현합니다. 이 열두 지파는 야곱의 열두 아들로부터 유래합니다. 이들 중 므낫세 지파는 상당히 숫자가 많았기에 절반은 요단강 동편에서 땅을 분배받고, 나머지 절반은 요단강을 넘어간 후에 땅을 분배받습니다(수 17:1-13). 바산과 길르앗은 므낫세 절반 지파가, 그 아래 고원지대는 위쪽에서부터 갓 지파와 르우벤 지파가 각각 나누어 차지했습니다.

요단강 동쪽에 자리 잡은 지파들(민 32:1-42)

12 ○ "우리가 그 땅을 차지하였을 때에, 나는 르우벤 자손과
갓 자손에게 아르논 골짜기 곁에 있는 아로엘에서부터 길르
앗 산지의 반쪽과 거기에 있는 성읍들을 주었습니다. 13 므낫
세 반쪽 지파에게는, 길르앗의 남은 땅과 옥의 나라인 온 바
산 지역을 주었습니다." (아르곱의 모든 지역 곧 바산을 옛적
에는 르바임의 땅이라고 하였다. 14 므낫세의 아들 야일은 그
술 족속과 마아갓 족속 경계까지 이르는 아르곱 땅을 모두 차
지하였다. 그래서 오늘날까지 그의 이름을 따라, 이 바산 지
역을 하봇야일이라고 한다.)
15 ○ "므낫세 지파의 한 가문인 마길에게는 길르앗을 주었습
니다. 16 그리고 르우벤 자손과 갓 자손에게는, 길르앗에서
계곡 중앙을 경계로 한 아르논 계곡까지와 암몬 자손의 경계
인 얍복강까지를 주었습니다. 17 그들이 차지한 지역은 서쪽
으로는 요단강까지 이르고, 북쪽으로는 긴네렛 호수까지 이

조직에서 공간 하나를 배정하는 데도 말들이 많고 갈등이 생기는데, 살아갈 땅을 분배하는 데 이스라엘 백성들 사이에선 아무 문제도 없었나요? 요단강을 건너간 이래 땅 분배는 제비를 뽑아서 이루어지지만, 요단강 동편 지역의 경우 모세가 분배했습니다. 헤스본이나 바산과의 싸움 이전에 하나님께서 이 지역을 이스라엘에게 넘겼다 이르셨습니다(2:31; 3:2). 이 같은 말씀이 의미하는 것은 이 땅을 차지한 것이 하나님의 은혜라는 것입니다. 이스라엘은 군대의 숫자로 승리하는 집단이 아니라, 하나님의 명령에 대한 순종과 신뢰를 통해 승리하는 공동체입니다. 그렇게 은혜로 받은 것이라면 누구라도 제 것이라, 자기는 더 받아야 한다 말하기 어려울 것입니다. 다만 이미 요단 동편에서 땅을 얻은 이들에게 모세는 전쟁에 참여하라고 당부합니다. 모든 이스라엘이 함께 싸워서 얻은 땅이니만큼, 나머지 모든 지파가 땅을 얻을 때까지 전쟁에 함께 참여하는 것은 필수적인 일이기 때문입니다(18-20절).

르고, 남쪽으로는 사해까지 이르고, 동쪽으로는 비스가산 기
슭까지 이릅니다.
18 ○ 그때에 내가 당신들에게 명령하였습니다. '주 당신들의 하
나님은 당신들에게 요단강 동쪽에 있는 이 땅을 주셔서 차지하
게 하셨습니다. 그러므로 당신들은, 당신들의 동기인 이스라엘
의 다른 지파들도 땅을 차지할 수 있도록 도와주어야 합니다.
당신들의 용사들은 무장을 하고 이스라엘의 다른 지파들보다
앞서서 요단강을 건너가십시오. 19 다만 당신들의 아내와 어린
아이들은 여기에 남아 있게 하십시오. 그리고 당신들에게 집짐
승이 많다는 것은 내가 알고 있으니, 그 집짐승도 당신들의 가
족과 함께, 내가 당신들에게 나누어준 성읍에 머물러 있게 하십
시오. 20 주님께서는 당신들과 마찬가지로 당신들의 동기들에
게도 편히 쉴 곳을 주실 것이니, 그들이 주 당신들의 하나님이
요단강 서쪽에 마련하여주신 땅을 차지한 다음에라야, 당신들
은 제각기 내가 당신들에게 준 이 땅으로 돌아올 수 있습니다.'
21 ○ 그때에 내가 여호수아에게 말하였습니다. '너는, 주 우
리의 하나님이 이 두 아모리 왕에게 어떻게 하였는가를, 두
눈으로 똑똑히 보았다. 주님께서는, 네가 지나가는 모든 나라

모세의 간구에도 불구하고 주님은 이를 들어주지 않습니다. 이유가 궁금합니다. 1장에서 보았듯 가나안 땅을 탐지하기 위해 보냈던 정찰대의 보고를 들은 백성들은 하나님을 원망하고 불평했고, 이로 인해 그들 모두 광야에서 다 죽게 되고 모세 역시 가나안 땅에는 들어가지 못하게 되었습니다(1:19–37). 그래서 모세가 요단강 건너 약속의 땅에 들어가지 못하는 것은 백성으로 인한 하나님의 진노 때문입니다(3:26; 4:21). 그가 온 이스라엘의 지도자였다는 점에서 일종의 연대책임 같은 것으로 이해할 수 있습니다. 그러나 요단 동편에서 이미 르우벤, 갓, 므낫세 절반은 땅을 얻었다는 점에서, 이미 이스라엘은 약속의 땅을 누리기 시작했고 모세 역시 그 땅을 경

에서도 이와 같이 하실 것이다. 22 그들을 두려워하지 말아
라. 주 우리의 하나님이 너를 대신하여 싸우실 것이다.'"

모세가 가나안 진입을 허락받지 못하다

23 ○ "그때에 내가 주님께 간구하였습니다. 24 '주 하나님,
주님께서는 주님의 크심과 권능을 주님의 종에게 나타내 보
이셨습니다. 하늘과 땅 사이에 어떤 신이 주님께서 권능으로
하신 것과 같은 일을 할 수 있겠습니까? 25 부디 저를 건너가
게 하여주십시오. 그래서 요단 저쪽 아름다운 땅과 아름다운
산과 레바논을 보게 하여주십시오.'
26 ○ 그러나 주님께서는, 당신들 때문에 나에게 진노하셔서,
나의 간구를 들어주지 않으셨습니다. 주님께서 나에게 말씀
하셨습니다. '이것으로 네게 족하니, 이 일 때문에 더 이상 나
에게 말하지 말아라. 27 너는 이 요단강을 건너가지 못할 것
이니, 저 비스가산 꼭대기에 올라가서, 너의 눈을 들어, 동서
남북 사방을 바라보아라. 28 너는 여호수아에게 너의 직분을
맡겨서, 그를 격려하고, 그에게 용기를 주어라. 그는 이 백성

험하고 있습니다. 다만 요단강 서편 지역으로 가지는 못하되 하나님께서는 모세에게 비스가산 꼭대기에 올라 요단강 서편 지역 사방을 볼 수 있게 한다고 약속하셨으니, 모세는 정말 그 땅을 보게 될 것입니다.

을 이끌고 건너갈 사람이며, 네가 보는 땅을 그들에게 유산으
로 나누어줄 사람이다.'
29 ○ 그때에 우리는 벳브올 맞은쪽 골짜기에 머물러 있었습
니다."

{ 제4장 }

지켜야 할 하나님의 규례들

1 "이스라엘 자손 여러분, 지금 내가 당신들에게 가르쳐주는
규례와 법도를 귀담아듣고, 그대로 지키십시오. 그러면 당신
들이 살아서 주 당신들 조상의 하나님이 당신들에게 주시는
땅에 들어가서, 그곳을 차지하게 될 것입니다. 2 내가 당신들
에게 명령한 말에 한마디도 더하거나 빼서는 안 됩니다. 당신
들은 내가 당신들에게 알려준 주 당신들의 하나님의 명령을
지켜야 합니다. 3 주님께서 브올산에서 하신 일을 당신들은
눈으로 직접 보았습니다. 주 당신들의 하나님은, 브올에서 바

'주님께서 브올산에서 하신 일'(3절)이란 무슨 일을 말하나요? 그 일은 구약성경 민수기 25장에서 볼 수 있습니다. 40년 방랑이 끝나가던 어느 때에 모압을 무사히 통과하는 여정에서 이스라엘 백성 가운데 어떤 이들이 그 지역 모압 여자들과 음행하기 시작했습니다. 그리고 그들은 모압 여자들이 자신들의 신 바알브올에게 제사하는 자리에 초대되어 함께 그 신에게 머리를 숙였습니다. 이 일로 인해 이스라엘 가운데 전염병이 창궐해 약 24,000명이나 죽었습니다. 이스라엘은 주 하나님 한 분을 섬기도록 부름받은 백성인데, 이방 사람과 사귀면서 자신들의 하나님이 아닌 다른 신에게 절했으니 스스로의 존재 자체를 부정한 것이 되어버렸습니다.

알 신을 따라간 모든 사람을 당신들 가운데서 쓸어버리셨습
니다. 4 그러나 주 당신들의 하나님을 충실하게 따른 당신들
은 오늘까지 모두 살아 있습니다.
5 ○ 보십시오, 내가, 주 나의 하나님이 나에게 명하신 대로, 당
신들에게 규례와 법도를 가르쳐주었습니다. 당신들이 들어가
차지할 땅에서 당신들이 그대로 지키도록 하려고 그렇게 가르
쳤습니다. 6 당신들은 이 규례와 법도를 지키십시오. 그러면 여
러 민족이, 당신들이 지혜롭고 슬기롭다는 것을 알게 될 것입
니다. 그들이 이 모든 규례에 관해서 듣고, 이스라엘은 정말 위
대한 백성이요 지혜롭고 슬기로운 민족이라고 말할 것입니다.
7 ○ 주 우리의 하나님은 우리가 기도할 때마다 우리 가까이
에 계시는 분이십니다. 이와 같은 하나님을 모신 위대한 민족
이 어디에 또 있겠습니까? 8 오늘 내가 당신들에게 주는 이
모든 율법과 같은 바른 규례와 법도를 가진 위대한 민족이 어
디에 또 있겠습니까?
9 ○ 당신들은 오로지 삼가 조심하여, 당신들의 눈으로 본 것
들을 잊지 않도록 정성을 기울여 지키고, 평생 동안 당신들의

모세는 규례와 법도를 정성을 기울여 지키고 자손에게 길이 알리라고 당부합니다. 규례와 법도는 무엇이길래 그렇게 강조하는 것인가요? 이스라엘은 위대한 민족인데, 숫자가 많거나 영토가 넓고 부유해서 위대한 민족이 아닙니다. 그들을 위대하게 만드는 것은 그들이 기도할 때마다 그들에게 가까이 하시는 하나님 때문이고, 그들에게 주어진 규례와 법도로 표현된 하나님의 율법 때문입니다(7–8절). 온 세상의 한 분 하나님께서 그분의 뜻을 드러내고 그분의 성품과 행하심을 알리신 것이 바로 하나님께서 모세를 통해 이르신 율법, 규례와 법도이니, 그 율법을 따라 살아갈 때 이스라엘은 이스라엘다우며 위대한 민족입니다. 한때 이집트의 노예였던 이스라엘이지만, 하나님께서는 이 백성을 그분의 규례와 법도를 행하는 백성으로 삼으셨습니다. 그 율법이 그들을 존귀하고 위대하게 만듭니다.

마음속에서 사라지지 않도록 하십시오. 또한 그것을 당신들
의 자손에게 길이 알리십시오. 10 당신들이 호렙산에서 당신
들의 하나님이신 주님 앞에 섰던 날에, 주님께서 나에게 말씀
하셨습니다. '이 백성을 나에게로 불러 모아라. 내가 그들에게
나의 말을 들려주어서, 그들이 이 땅에서 사는 동안에 나를
경외하는 것을 배우고, 또 이것을 그들의 아들딸에게 가르치
게 하려고 한다.'
11 ○ 그리하여 당신들이 산기슭에 가까이 와서 서자, 하늘 한
가운데까지 높이 치솟는 불길이 그 산을 휩싸고, 어둠과 검은
구름이 산을 덮었습니다. 12 주님께서 불길 속에서 당신들에
게 말씀하셨으므로, 당신들은 말씀하시는 소리만 들었을 뿐,
아무 형상도 보지 못하였습니다. 당신들은 오직 소리를 들었
을 뿐입니다. 13 그때에 주님께서 당신들에게 지키라고 명하
시면서, 그 언약을 선포하셨으니, 이것이 곧 그가 두 돌판에
손수 쓰신 십계명입니다. 14 그때에 주님께서 나에게 명하시
기를, 너희가 건너가서 차지할 땅에서 너희가 지켜야 할 규례
와 법도를 가르쳐주라고 하셨습니다."

호렙산 불길 속에서 하나님이 말씀하셨다고 하는데, 그건 어떤 일을 말하나요? 신명기에서 호렙산으로 불리는 산은 구약성경 출애굽기를 비롯한 다른 책에서는 시내산으로 불립니다. 출애굽기 19장 16-25절에서는 주 하나님께서 모세를 시내산으로 불러 십계명을 이르실 때의 광경을 묘사합니다. 번개가 치고 천둥소리가 나며 짙은 구름이 산을 덮었고, 마치 가마에서 나온 것처럼 연기가 솟아오르며 산이 흔들렸습니다. 그리고 주님께서는 불 가운데 모세에게 말씀하셨습니다. 이 같은 특별한 자연현상은 하나님께서 이 땅에 임하실 때 종종 수반되는 현상입니다. 온 세상의 하나님께서 땅에 강림하시는 놀라운 일이기에, 이 같은 특별한 현상은 하나님의 영광과 위엄을 나타냅니다.

우상숭배 금지 경고

15 ○ "주님께서 호렙산 불길 속에서 당신들에게 말씀하시던
날, 당신들은 아무 형상도 보지 못했다는 사실을 깊이 명심하
십시오. 16 남자의 형상이든지, 여자의 형상이든지, 당신들
스스로가 어떤 형상이라도 본떠서, 새긴 우상을 만들지 않도
록 하십시오. 우상을 만드는 것은 스스로 부패하는 것입니다.
17 땅 위에 있는 어떤 짐승의 형상이나, 하늘에 날아다니는 어
떤 새의 형상이나, 18 땅 위에 기어 다니는 어떤 동물의 형상
이나, 땅 아래 물속에 있는 어떤 물고기의 형상으로라도, 우
상을 만들어서는 안 됩니다. 19 눈을 들어서 하늘에 있는 해
와 달과 별들, 하늘의 모든 천체를 보고 미혹되어서, 절을 하
며 그것들을 섬겨서는 안 됩니다. 하늘에 있는 해와 달과 별
과 같은 천체는 주 당신들의 하나님이 이 세상에 있는 다른
민족들이나 섬기라고 주신 것입니다. 20 그러나 당신들은, 주
님께서 용광로와 같은 이집트에서 건져내셔서, 오늘 이렇게
자기의 소유로 삼으신 백성입니다.

모세는 계속해서 '당신들'에게 당부하고 있습니다. '당신들'은 누구인가요? 신명기 1장 3절은 신명기에 담긴 내용의 시점이 출애굽한 지 40년째 되는 해라고 알려줍니다. 정찰대 사건으로 인해 출애굽 1세대는 광야 40년 동안 모두 죽었고(1:34-39), 이제 신명기에 실린 모세의 고별 설교를 듣는 '당신들'은 출애굽 2세대입니다. 하나님께서 출애굽 초기 호렙산에 강림하셔서 십계명을 비롯한 규례와 법도를 이르실 때, 그 말씀을 모세를 통해 들었던 1세대는 다 사라졌습니다. 그 당시 아이였거나 태어나지도 않았던 2세대를 향해 모세는 하나님께서 호렙산에서 이르신 말씀이 지금 2세대인 '당신들'을 향한 말씀이라고 합니다. 분명 지금 2세대의 부모를 향한 말씀이되, 모세는 마치 2세대들이 그때 호렙산에 있었던 것처럼 표현합니다. 이를 통해 그때 주어진 말씀을 지금 우리를 향한 말씀으로 '현재화'하고 있습니다.

21 ○ 주님께서는 당신들 때문에 나에게 분노하셨습니다. 그래
서 내가 요단강을 건너가지 못하게 하신 것이며, 주 당신들의
하나님이 당신들에게 유산으로 주기로 하신 그 아름다운 땅에
도 들어가지 못하게 하겠다고 맹세하신 것입니다. 22 나는 이
땅에서 죽을 것이므로 요단강을 건너가지 못하겠지만, 당신
들은 건너가서 그 좋은 땅을 차지할 것입니다. 23 당신들은,
주 당신들의 하나님이 당신들과 세우신 언약을 잊지 말고 지
켜야 합니다. 그리고 주 당신들의 하나님이 당신들에게 금하
신 대로, 어떤 형상의 우상도 만들어서는 안 됩니다. 24 주 당
신들의 하나님은 삼키는 불이시며, 질투하는 하나님이십니다.
25 ○ 당신들이 자식을 낳고, 또 그 자식이 자식을 낳아, 그
땅에서 오래 산 뒤에, 어떤 형상의 우상이든, 우상을 만들어
섬기거나, 주 당신들의 하나님의 눈에 거슬리는 행동을 하면,
26 오늘 내가 하늘과 땅을 증인으로 세울 것이니, 당신들이 요
단강을 건너가 차지하는 땅에서 반드시 곧 멸망할 것입니다.
그 땅에서 오래 살지 못하고, 반드시 망할 것입니다. 27 주님
께서는 당신들을 여러 민족 사이에 흩으실 것입니다. 주님께

우상을 만들지 말라고 거듭 강조합니다. 왜 그렇게 우상을 경계하라고 하는 걸까요?

우상은 보이지 않는 하나님을 눈에 보이게 만든 것입니다. 하나님께서 명령하신 것은 그분의 규례와 법도를 일상에서 따르는 것인데, 이렇게 하나님을 눈에 보이도록 우상을 만들면 이제 사람들은 그 우상 앞에 찾아와 온갖 것을 갖다 바치고 우상을 금은보화로 화려하게 꾸미는 데 몰두할 것입니다. 일상을 살아가는 데 힘쓰지 않고, 온갖 모양으로 만들어진 우상 앞에 절하고 엎드리며 자신들의 온갖 욕심을 이루어달라고 기도하는 데만 몰두할 것입니다. 그러다 보니 필연적으로 우상은 화려하고 크고 대단하게 만들어집니다. 우상은 일상의 순종을 없애버리고, 오직 이 같은 종교적인 일에만 몰두하면서 화려하고 커다란 우상을 향해 자신들도 화려하고 위대해지기만을 구하게 만듭니다.

서 당신들을 쫓아 보내실 그곳 백성 사이에서 살아남을 사람
이 많지 않을 것입니다. 28 당신들은 거기에서, 사람이 나무
와 돌로 만든 신, 즉 보지도 못하고 듣지도 못하고 먹지도 못
하고 냄새도 맡지 못하는 신을 섬기게 될 것입니다. 29 거기
에서 당신들은 당신들의 하나님이신 주님을 찾을 것입니다.
당신들이 하나님을 찾되 마음과 성품을 다하여 하나님을 찾
으면 만날 것입니다. 30 당신들이 환난을 당하고, 마지막 날
에 이 모든 일이 당신들에게 닥치면, 그때에 가서야 비로소
당신들은 주 당신들의 하나님께로 돌아와, 그에게 귀를 기울
일 것입니다. 31 주 당신들의 하나님은 자비로운 하나님이시
니, 당신들을 버리시거나 멸하시지 않고, 또 당신들의 조상과
맺으신 언약을 잊지도 않으실 것입니다.
32 ○ 당신들이 태어나기 전에, 하나님이 이 땅 위에 사람을
창조하신 날부터 이제까지, 지나간 때를 깊이 생각하여보십
시오. 하늘 이 끝에서 저 끝에 이르기까지, 온 세계를 깊이 생
각하여보십시오. 그리고 이런 큰일을 본 적이 있는지, 들은
적이 있는지 물어보십시오. 33 당신들처럼, 불 가운데서 말씀

모세의 설명에 따르면 이스라엘의 역사 속에서 하나님은 존재 증명이 가능할 수 있지만, 그건 이스라엘만의 이야기 아닌가요? 이스라엘의 경험은 크지도 강하지도 대단하지도 않은 노예였던 백성을 하나님께서 택해 건져내시고 땅을 유산으로 주셨다는 것입니다. 언제나 세상은 잘나고 능력 있고 뛰어난 이들이 모든 것을 다 차지하고, 그렇지 못한 이들은 하루하루를 힘겹게 살아갑니다. 그러나 이스라엘은 그리 대단하지 않은 낮고 천한 이들이었으나, 하나님으로 인해 약속의 땅에서 새로운 삶을 살게 되었습니다. 그러므로 이스라엘의 경험은 그들만의 것이 아니라, 자신이 보잘것없고 남들에 비해 부족하다 여기는 모든 이들의 경험이 될 수 있습니다. 하나님을 신뢰하며 나아가는 이는 이스라엘이 경험한 것을 자신들의 삶에서도 경험하게 될 것입니다.

하시는 하나님의 음성을 듣고도 살아남은 백성이 있습니까?
34 주 당신들의 하나님이 이집트에서 당신들이 보는 앞에서
하신 것처럼, 온갖 시험과 표징과 기사와 전쟁과 강한 손과
펴신 팔과 큰 두려움으로 한 민족을 다른 민족의 억압에서 이
끌어내시려고 애쓰신, 그러한 신이 어디에 있습니까? 35 그
러나 당신들에게 이것을 나타내셨으니, 그것은 주님이 곧 하
나님이시고, 그분밖에는 다른 신이 없음을 알게 하시려는 것
입니다. 36 주님께서는 당신들을 단련하시려고, 당신들에게
하늘로부터 그의 음성을 들려주시고, 땅 위에서는 그의 큰 불
을 보여주셨습니다. 그래서 당신들은 불 가운데서 그의 말씀
을 들었던 것입니다. 37 주님께서는 당신들의 조상을 사랑하
셨으므로, 뒤에 그 자손을 택하셨고, 그 크신 힘으로 몸소 당
신들을 이집트에서 이끌어내셨습니다. 38 그리고 당신들보
다 크고 강한 민족을 당신들의 앞에서 쫓아내시고, 당신들을
그 땅으로 이끌어 들이시고, 그 땅을 유산으로 주어서 오늘에

더 크고 강한 민족을 쫓아내고 그 땅을 이스라엘에게 주는 것이 결국은 땅을 뺏고 빼앗는 분쟁의 발단이 되는 것과 무엇이 다른가요? 그저 땅의 주인이 바뀌는 것이라면 이스라엘이 땅을 차지한다 한들 분명 아무런 의미가 없을 겁니다. 그래서 신명기가 반복적으로 강조하는 규례와 법도를 행하는 삶이 중요합니다. 하나님께서 이르신 규례와 법도는 하나님의 뜻에 따르는 새로운 삶을 담고 있습니다. 하나님께서 그 땅의 원래 백성을 쫓아내시는 것도 그저 자신의 백성에게 땅을 주려는 이기적인 뜻이 아니라, 악을 행하고 사람을 괴롭게 하는 끔찍한 세상에 대한 심판이기도 합니다(레 18:24-25). 게다가 이스라엘은 크고 강한 민족이 아니라 약하고 수가 적은데도 하나님으로 인해 땅을 얻은 민족입니다. 그렇기에 땅을 차지하는 일이 군사력과 경제력에 좌우되는 것이 아님을 잘 보여줍니다. 그래서 이스라엘이 땅을 얻는 것은 그저 재산이 늘어나는 일이 아니라, 그 땅에서 하나님의 법도를 따라 새로운 삶을 살아가게 하려는 하나님의 뜻에서 비롯됩니다.

이르게 하신 것입니다. 39 오늘 당신들은 마음에 새겨 분명히
알아둘 것이 있으니, 주님은 위로는 하늘에서도 아래로는 땅
에서도 참 하나님이시며, 그밖에 다른 신은 없다는 것입니다.
40 당신들은 오늘 내가 당신들에게 알려주는 주님의 규례와
명령을 지키십시오. 그러면 당신들과 당신들의 자손이 잘 살
게 되고, 주 당신들의 하나님이 당신들에게 영원히 주시는 땅
에서 길이 살 것입니다."

요단강 동쪽의 도피성

41 ○ 그때에 모세는 요단강 동쪽 해 뜨는 편에 세 성읍을 지정
하였다. 42 그곳은, 어떤 사람이든지 전에 미워한 일이 없는 이
웃을 실수로 죽였을 경우에, 가해자가 이 성읍 가운데 하나로
피신하면 목숨을 건지게 되는 곳이다. 43 그 지정된 성읍들 가
운데 하나는 르우벤 지파가 차지한 평원지대 광야에 있는 베셀
이고, 또 하나는 갓 지파가 차지한 길르앗에 있는 라못이고, 나

그 일을 위해 성읍을 3개나 지정할 만큼 실수로 사람을 죽이는 일이 그렇게 흔한 일인가요? 이 성의 진짜 용도가 궁금합니다. 요단 동편 땅을 얻고 르우벤, 갓, 므낫세 절반 지파에게 땅이 분배되어 그들이 이곳에 정착하자 도피성 세 곳이 정해졌습니다. 나중에 이스라엘 백성이 요단 서편 가나안 땅으로 들어가 그 땅을 얻으면 추가로 도피성 세 곳이 더 정해집니다(19:8–10). 전혀 의도하지 않았으나 다른 사람에게 피해를 끼치는 경우를 대비해 이렇게 도피성을 설정해둔다는 것은 의도하지 않은 죽임이라 할지라도 심각하고 중대한 일임을 강조하면서 동시에 의도하지 않고 저질러진 일임을 고려해 남을 죽게 한 이의 삶을 그 자리에서 끝장내지 않고 새로운 기회를 주려는 뜻입니다. 상대에게 끼치는 피해를 결코 가벼이 여기지 말라는 것, 동시에 누구라도 새로운 삶의 기회는 주어져야 한다는 것, 이 두 가지를 도피성 제도에서 볼 수 있습니다.

머지 하나는 므낫세 지파가 차지한 바산에 있는 골란이다.

하나님의 율법을 소개하다

44 ○ 모세가 이스라엘 자손에게 선포한 율법은 다음과 같
다. 45 이스라엘 자손이 이집트에서 나올 때에, 한 곳에 이르
러서 모세가 그들에게 아래와 같은 훈령과 규례와 법도를 선
포하였는데, 46 그곳은 요단강 동쪽 벳브올 맞은쪽 골짜기로,
헤스본에 사는 아모리 왕 시혼의 땅이다. 시혼은 모세와 이스
라엘 자손이 이집트에서 나올 때에 쳐서 멸한 왕이다. 47 이
스라엘 백성은 시혼이 다스린 땅과 바산 왕 옥이 다스린 땅을
차지하였는데, 이 두 왕은 해 뜨는 쪽인, 요단강 동쪽에 살던
아모리 족의 왕이다. 48 이스라엘 백성이 차지한 지역은 아르
논강 어귀에 있는 아로엘에서 헤르몬이라고 하는 시리온산까
지와, 49 요단강 동쪽에 있는 온 아라바 지역과, 비스가산 밑
에 있는 아라바 바다까지이다.

{ 제5장 }

십계명(출 20:1–17)

1 모세가 온 이스라엘을 불러 모으고 그들에게 말하였다. "이
스라엘 자손 여러분, 내가 오늘 당신들에게 말하는 규례와 법
도를 귀담아듣고, 그것을 익히고 지키십시오. 2 주 우리의 하
나님은 호렙산에서 우리와 언약을 세우셨습니다. 3 주님께서
이 언약을 우리 조상과 세우신 것이 아니라, 오늘 여기 살아
있는 우리 모두와 세우신 것입니다. 4 주님께서는 그 산 불 가
운데서, 당신들과 함께 서로 얼굴을 마주 보고 말씀하셨습니
다. 5 그때에 당신들이 그 불을 무서워하여 산에 올라가지 못
하였으므로, 내가 주님과 당신들의 사이에 서서, 주님의 말씀
을 당신들에게 전하여주었습니다. 주님께서 말씀하셨습니다.
6 ○ '나는 너희를 이집트 땅, 종살이하던 집에서 이끌어낸 주
너희의 하나님이다.
7 ○ 너희는 내 앞에서 다른 신들을 섬기지 못한다.

이 언약의 당사자가 '오늘 여기 살아 있는 우리 모두'(3절)라고 말합니다. 그때 그 사람들과 맺은 언약이 오늘 여기 살아 있는 우리와 무슨 상관이 있나요? 호렙산에서 맺은 언약에는 출애굽 1세대가 참여했습니다. 1–3절은 그 당시에 전혀 언약에 참여하지 않았던 출애굽 2세대를 향해 호렙산 언약이 이들의 부모와 맺은 언약이 아니라 지금 참여하는 2세대인 그들과 맺은 언약이라 선언합니다. 이전의 조상들에게 주어진 말씀을 자신들을 향한 말씀으로 고백하는 것을 두고 "언약을 현재화한다"고 표현할 수 있습니다. 그럴 때 과거의 말씀은 지금 나와 우리를 향한 말씀이 됩니다. 오늘 우리가 오래전 이스라엘을 향해 주어진 구약성경을 읽는 것도 마찬가지입니다. 신명기는 호렙산에서 이스라엘과 맺은 언약이 아니라 지금 21세기를 살아가는 우리와 맺은 언약입니다.

8 ○ 너희는 너희가 섬기려고 위로 하늘에 있는 것이나, 아래
로 땅에 있는 것이나, 땅 아래 물속에 있는 어떤 것이든지, 그
모양을 본떠서 우상을 만들지 못한다. 9 너희는 그것들에게 절
하거나, 그것들을 섬기지 못한다. 나, 주 너희의 하나님은 질
투하는 하나님이다. 나를 미워하는 사람에게는 그 죗값으로,
본인뿐만 아니라 삼사 대 자손에게까지 벌을 내린다. 10 그러
나 나를 사랑하고 나의 계명을 지키는 사람에게는 수천 대 자
손에 이르기까지 한결같은 사랑을 베푼다.
11 ○ 너희는 주 너의 하나님의 이름을 함부로 부르지 못한
다. 주는 자기 이름을 함부로 일컫는 사람을 죄 없다고 하지
않는다.
12 ○ 너희는 안식일을 거룩하게 지켜라. 이것은 주 너희의
하나님이 너희에게 명한 것이다. 13 너희는 엿새 동안 모든
일을 힘써 하여라. 14 그러나 이렛날은 주 너희 하나님의 안
식일이니, 너희는 어떤 일도 해서는 안 된다. 너나, 너의 아들
이나 딸이나, 너희의 남종이나 여종뿐만 아니라, 너희의 소나
나귀나, 그 밖에 모든 집짐승이나, 너희의 집 안에 머무르는
식객이라도, 일을 해서는 안 된다. 너희의 남종이나 여종도

하나님의 이름을 함부로 부르는 일의 예로는 어떤 것들이 있나요? 어린아이들이 장난처럼 언급하는 것을 두고 하나님의 이름을 함부로 부른다 말하지는 않습니다. 십계명과 같은 언약 말씀의 청중은 언제나 최소 20세 이상의 성인이니까요. 자신의 이익을 위해 행한 자신의 행동을 덮으려고 하나님의 이름을 걸고 맹세하는 일이 그 대표적인 예입니다. 오늘날에는 다른 나라와 전쟁할 때 하나님의 이름으로 승리를 구하는 것 역시 하나님의 이름을 함부로 부르는 것입니다. 상대방 나라에도 하나님을 믿는 이들이 있을 테니까요. 근본적으로 자신의 이익과 욕심을 위해 멋대로 하나님을 운운하며 그 이름을 부르는 것이 하나님의 이름을 함부로 사용하는 것입니다.

너와 똑같이 쉬게 하여야 한다. 15 너희는 기억하여라. 너희
가 이집트 땅에서 종살이를 하고 있을 때에, 주 너희의 하나
님이 강한 손과 편 팔로 너희를 거기에서 이끌어내었으므로,
주 너희의 하나님이 너에게 안식일을 지키라고 명한다.
16 ○ 너희 부모를 공경하여라. 주 너희 하나님이 명하신 것
이다. 그래야 너희는, 주 너희의 하나님이 너희에게 준 땅에
서 오래 살면서 복을 누린다.
17 ○ 살인하지 못한다.
18 ○ 간음하지 못한다.
19 ○ 도둑질하지 못한다.
20 ○ 이웃을 모함하는 거짓 증언을 하지 못한다.
21 ○ 이웃의 아내를 탐내지 못한다. 이웃의 집이나 밭이나,
남종이나 여종이나 소나 나귀나 할 것 없이, 너희 이웃의 소
유는 어떤 것도 탐내지 못한다.'
22 ○ 주님께서는 이 말씀을 구름이 덮인 캄캄한 산 위 불 가
운데서, 큰 목소리로 당신들 온 총회에 선포하시고, 이 말씀
에 조금도 보탬이 없이, 그대로 두 돌판에 새겨서 나에게 주
셨습니다."

안식일은 거룩하게 지키는 날인가요, 아니면 쉬는 날인가요? 신명기에 실린 십계명은 안식일을 지킨다는 의미로 자신과 자신에게 속한 모든 이들, 자식과 종, 나그네, 심지어 가축에 이르기까지 그야말로 모든 생명이 쉼을 누리게 하는 것이라 알려줍니다. 이렇게 모두 쉬게 하는 근거로, 이스라엘 역시 한때 이집트에서 종살이했던 과거를 상기시킵니다. 종으로 살아갈 때 강제 노역에서 놓여나 쉴 수 있었다면 얼마나 좋았겠습니까! 그러므로 안식일의 쉼은 그야말로 행복하고 즐겁고 좋은 쉼입니다. 이것을 강조하느라 심지어 "거룩히 지켜라"라는 묵직한 표현까지 사용되었습니다. 안식일은 쉬는 날입니다. 그렇게 쉬는 것이야말로 "거룩히 지키는 것"입니다.

백성이 두려워하다(출 20:18-21)

23 ○ "산이 불에 탈 때에, 캄캄한 어둠 속에서 들려오는 음
성을 당신들이 듣고, 당신들 지파의 모든 두령과 장로들이 나
에게 다가와서, 24 이렇게 말하였습니다. '보십시오, 주 우리
의 하나님은 그의 영광과 위엄을 우리에게 보여주시고, 우리
는 불 가운데서 들려오는 하나님의 음성을 들었습니다. 그리
고 하나님이 사람과 말씀하셨는데도 그 사람이 여전히 살아
있음을, 오늘 우리는 보았습니다. 25 그런데 지금은 이 큰 불
길이 우리를 삼키려고 하고 있으니, 어찌하여 우리가 죽음의
위협을 받아야 합니까? 우리가 주 우리 하나님의 음성을 다시
듣는다면, 우리는 죽을 것입니다. 26 살아계시는 하나님이 불
가운데서 하시는 말씀을 듣고도 우리처럼 산 사람이, 육체를
가진 사람 가운데 누가 있겠습니까? 27 그러니 직접 가까이
나아가셔서, 주 우리의 하나님이 말씀하시는 것을 모두 들으
시고, 주 우리의 하나님이 하신 모든 말씀을 우리에게 다 전
달하여주시기를 바랍니다. 그러면 우리가 듣고 그대로 하겠

하나님의 음성을 듣고 말을 나눈 사람은 죽게 되어 있나요? 노아, 이삭, 야곱, 모세 등등의 사람들은 별 탈 없이 잘 살았던 것 같은데요. 하나님을 직접 대하면 죽는다는 것은 구약성경의 기본적인 신앙 내용 가운데 하나입니다. 정말 순수하고 맑은 사람 앞에 서면 왠지 나 스스로의 모습이 부끄러워지는 경우가 있음을 생각하면, 죄가 많고 누추하며 여기저기 왜곡되고 음침하기도 한 사람이 거룩하고 순전하며 완전하신 하나님 앞에 서면 견디지 못할 것이라는 점도 능히 그럴 법합니다. 노아나 이삭, 야곱은 모두 하나님의 음성을 꿈이나 환상을 통해 들었거나 또는 어떤 방식으로 들었는지 구체적으로 표현되지 않은 경우입니다. 반면 모세는 하나님과 직접 대면해 이야기를 나누고 음성을 들은 사람이라는 점에서, 이전에도 이후에도 없을 경험을 한 사람입니다(34:10).

습니다.'
28 ○ 당신들이 나에게 한 이 말을 주님께서 모두 들으셨습니
다. 주님께서 나에게 이렇게 말씀하셨습니다. '이 백성이 너에
게 말하는 것을 내가 들으니, 그들의 말이 모두 옳다. 29 그들
이 언제나 이런 마음을 품고 나를 두려워하며, 나의 모든 명
령을 지켜서, 그들만이 아니라 그 자손도 길이길이 잘 살게
되기를 바란다. 30 가서 그들에게 저마다 자기의 장막으로 돌
아가라고 말하여라. 31 그러나 너만은 여기에서 나와 함께 있
다가, 내가 너에게 일러주는 이 모든 명령과 규례와 법도를
받아서 그들에게 가르쳐주어라. 그들은 내가 그들에게 유산
으로 주는 땅에서 그것을 그대로 실행하여야 한다.'
32 ○ 그러므로 당신들은 주 당신들의 하나님이 당신들에게 명
하신 모든 것을 성심껏 지켜야 하며, 오른쪽으로나 왼쪽으로나
벗어나지 말아야 합니다. 33 당신들은 주 당신들의 하나님이
명하신 그 모든 길만을 따라가야 합니다. 그러면 당신들이 차
지할 땅에서 풍성한 복을 얻고, 오래오래 잘 살 것입니다."

"모든 것을 성심껏 지켜야 하며, 오른쪽으로나 왼쪽으로나 벗어나지 말아야"(32절) 한다고 합니다. 오른쪽이나 왼쪽이 상징하는 바가 있나요? 대체로 오른쪽이 왼쪽보다 좀 더 중요한 것을 상징합니다. 그러나 "오른쪽으로나 왼쪽으로 치우치지 말라"라는 표현에서 오른쪽과 왼쪽은 더 중하고 덜 중한 것과는 무관하게, 하나님의 명령을 주의하여 성심껏 따르고 지킬 것을 강조하기 위해 쓰였습니다. 마치 하나님의 명령이라는 길이 눈앞에 있을 때, 오른쪽이나 왼쪽 길로 가지 말고 오직 그 말씀이 명령하는 길을 걸어가라는 것입니다. 그래서 "좌로나 우로나 치우치지 말라"라는 명령은 늘 하나님의 말씀을 따라 사는 삶과 연관해 쓰입니다(신 17:11, 20; 28:14; 수 1:7; 23:6; 왕하 22:2). 주변의 압력이나 눈치, 세력 관계, 욕심 등으로 인해 때로는 하나님의 율법이 아닌 다른 길로 가고 싶겠지만, 그 말씀이 명하고 초대하는 길로 곧장 걸어가라고 하나님께서는 격려하고 부르십니다.

{ 제6장 }

큰 계명

1 “이것은 주 당신들의 하나님이 당신들에게 가르치라고 나에
게 명하신 명령과 규례와 법도입니다. 당신들은 건너가서 차
지할 땅에서 이것을 지키십시오. 2 당신들이 주 당신들의 하
나님을 경외하며, 내가 당신들에게 명한 모든 주님의 규례와
법도를 잘 지키면, 당신들과 당신들 자손이 오래오래 잘 살
것입니다. 3 그러니 이스라엘 자손 여러분, 이 모든 말을 듣
고 성심껏 지키면, 주 당신들 조상의 하나님이 당신들에게 약
속하신 대로, 젖과 꿀이 흐르는 땅에서 당신들이 잘되고 크게
번성할 것입니다.
4 ○ 이스라엘은 들으십시오. 주님은 우리의 하나님이시요,
주님은 오직 한 분뿐이십니다. 5 당신들은 마음을 다하고 뜻
을 다하고 힘을 다하여, 주 당신들의 하나님을 사랑하십시오.
6 내가 오늘 당신들에게 명하는 이 말씀을 마음에 새기고, 7 자
녀에게 부지런히 가르치며, 집에 앉아 있을 때나 길을 갈 때

“이스라엘은 들으십시오”(4절)라는 표현이 특별해 보입니다. 자주 쓰이는 관용구인가요? 이 표현은 신명기에서만 볼 수 있는 특유의 표현입니다. 우리말로 옮기다 보니 이 구절에서처럼 두드러지게 나타나지는 않지만, 이미 4장 1절, 5장 1절에서도 있었고 이후 9장 1절, 20장 3절, 27장 9절에서도 쓰였습니다. 이스라엘 공동체 전체를 마치 한 사람처럼 불러내는 이 표현은 하나님께서 그 백성에게 명하신 규례와 법도를 지키라는 권면으로 이어집니다. 그 가운데 6장 4절은 하나님에 대한 간결하고도 핵심적인 언급과 함께, 마음을 다하고 뜻을 다하고 힘을 다하여 하나님을 사랑하라 권면합니다. 그런 점에서 이스라엘이 참으로 들어야 할 가장 중요한 사항을 이른다고 할 수 있습니다.

나, 누워 있을 때나 일어나 있을 때나, 언제든지 가르치십시
오. 8 또 당신들은 그것을 손에 매어 표로 삼고, 이마에 붙여 기
호로 삼으십시오. 9 집 문설주와 대문에도 써서 붙이십시오."

불순종에 대한 경고

10 ○ "주 당신들의 하나님이, 당신들의 조상 아브라함과 이
삭과 야곱에게 맹세하여 당신들에게 주기로 약속하신 그 땅
에, 당신들을 이끌어 들이실 것입니다. 거기에는 당신들이 세
우지 않은 크고 아름다운 성읍들이 있고, 11 당신들이 채우지
않았지만 온갖 좋은 것으로 가득 찬 집이 있고, 당신들이 파
지 않았지만 이미 파놓은 우물이 있고, 당신들이 심지 않았지
만 이미 가꾸어놓은 포도원과 올리브밭이 있으니, 당신들은
거기에서 마음껏 먹게 될 것입니다. 12 당신들이 그렇게 될
때에, 당신들은 이집트 땅 종살이하던 집에서 당신들을 이끌
어내신 주님을 잊지 않도록 주의하십시오. 13 당신들은 주 당
신들의 하나님을 경외하며, 그를 섬기며, 그의 이름으로만 맹

하나님을 기억하고 잊지 말라는 모세의 신신당부가 계속 이어집니다. 왜 이렇게 지겨울 만큼 강조하는 건가요? 신명기는 하나님께서 이제까지 함께하며 베푸신 은혜를 잊지 말고 그분의 규례와 법도를 행하라는 말씀을 그야말로 여러 번 끊임없이 되풀이합니다. 이 같은 되풀이는 이미 이스라엘이 곧 하나님의 은혜와 동행을 잊어버릴 것이고 하나님의 명령에 불순종할 것임을 염두에 두고 있는 것으로 보입니다. 조금만 상황이 좋아지면 금세 이전의 힘겨웠던 때를 잊어버리는 경우를 우리와 주변에서 자주 봅니다. 이를 잊지 않고 늘 기억한다면 우리 삶은 굉장히 달라질 것입니다. 그래서 신명기에서 볼 수 있는 이러한 되풀이는 모세 시대로부터 한참의 세월이 지난 시기를 살아가는 독자와 청중을 향해 조상들의 실패를 보면서 이제라도 하나님의 은혜를 잊지 말고 늘 기억하라는 당부이기도 합니다.

세하십시오. 14 당신들은, 당신들 가까이에 있는 백성이 섬기
는 신들 가운데에, 그 어떤 신도 따라가서는 안 됩니다. 15 당
신들 가운데 계시는 주 당신들의 하나님은 질투하는 하나님
이시니, 주 당신들의 하나님이 분노하시면, 당신들을 땅 위에
서 멸하실 것입니다.
16 ○ 당신들이 맛사에서 시험한 것처럼, 주 당신들의 하나님
을 시험하면 안 됩니다. 17 주 당신들의 하나님의 명령과 그가
명한 훈령과 규례를 철저히 지켜야 합니다. 18 당신들은 주님
께서 보시는 앞에서 올바르고 선한 일을 하십시오. 그러면 당
신들이 잘되고, 주님께서 당신들의 조상에게 맹세하신 저 좋
은 땅에 들어가서, 그곳을 차지하게 될 것이며, 19 주님께서
말씀하신 대로, 당신들 앞에서 당신들의 모든 원수를 쫓아낼
수 있을 것입니다.
20 ○ 나중에 당신들의 자녀가, 주 당신들의 하나님이 당신
들에게 명하신 훈령과 규례와 법도가 무엇이냐고 당신들에게
묻거든, 21 당신들은 자녀에게 이렇게 일러주십시오. '옛적에
우리는 이집트에서 바로의 노예로 있었으나, 주님께서 강한

"당신들이 맛사에서 시험한 것처럼"(16절)이 말하는 일은 무엇인가요? 이 사건은 구약성경 출애굽기 17장 1-7절에서 찾아볼 수 있습니다. 광야 길을 걷던 이스라엘은 물을 구할 수 없어 고생했고, 급기야 모세를 향해 이렇게 목말라 죽게 할 거면서 왜 이집트에서 데려왔느냐고 원망하고 모세를 죽일 것처럼 대들었습니다. 하나님께서는 모세로 하여금 지팡이로 바위를 치게 하셨고, 바위에서 물이 나왔습니다. 그때 그 장소를 '맛사'라고 불렀는데 이는 '시험함'이라는 뜻입니다. 하나님께서 이제껏 인도하신 것처럼 앞으로도 인도하실 것인데, 이스라엘은 하나님을 신뢰하지 못했고 도리어 항의하고 불평하며 원망했습니다. 맛사는 하나님을 신뢰하지 못하고 시험했음을 기억하게 하는 사건이며 장소입니다. 신명기는 6장 16절, 9장 22절, 33장 8절 세 군데에서 이 장소를 언급하며 잊지 말라고 당부합니다.

손으로 우리를 이집트에서 이끌어내셨다. 22 그때에 주님께
서는 우리가 보는 데서, 놀라운 기적과 기이한 일로 이집트의
바로와 그의 온 집안을 치셨다. 23 주님께서는 우리를 거기
에서 이끌어내시고, 우리의 조상에게 맹세하신 대로, 이 땅으
로 우리를 데려오시고, 이 땅을 우리에게 주셨다. 24 주님께
서 우리에게 이 모든 규례를 명하여 지키게 하시고, 주 우리
의 하나님을 경외하게 하셨다. 우리가 그렇게만 하면, 오늘처
럼 주님께서 언제나 우리를 지키시고, 우리가 잘 살게 하여주
실 것이다. 25 우리가 주 우리의 하나님 앞에서, 그가 우리에
게 명하신 대로 이 모든 명령을 충실하게 지키면, 그것이 우
리의 의로움이 될 것이다.'"

{ 제7장 }

주님께서 선택하신 백성 이스라엘(출 34:11-16)

1 "주 당신들의 하나님이, 당신들이 들어가 차지할 땅으로 당
신들을 이끌어 들이시고, 당신들 앞에서 여러 민족 곧 당신
들보다 강하고 수가 많은 일곱 민족인 헷 족과 기르가스 족과
아모리 족과 가나안 족과 브리스 족과 히위 족과 여부스 족
을 다 쫓아내실 것입니다. 2 주 당신들의 하나님은 그들을 당
신들의 손에 넘겨주셔서, 당신들이 그들을 치게 하실 것이니,
그때에 당신들은 그들을 전멸시켜야 합니다. 그들과 어떤 언
약도 세우지 말고, 그들을 불쌍히 여기지도 마십시오. 3 그들
과 혼인 관계를 맺어서도 안 됩니다. 당신들 딸을 그들의 아
들과 결혼시키지 말고, 당신들 아들을 그들의 딸과 결혼시키
지도 마십시오. 4 그렇게 했다가는 그들의 꾐에 빠져서, 당신
들의 아들이 주님을 떠나 그들의 신들을 섬기게 될 것이며,

일곱 민족을 전멸시키고 그들과 절대로 상종하지 말 것을 명령합니다. 이것은 평화와 한참 거리가 멀어 보이는데, 이런 명령을 하는 이유는 무엇인가요? 가나안 일곱 부족과 언약도 맺지 말고 결혼도 하지 말라 하시는데, 모든 초점은 '주님을 떠나 그들의 신들을 섬기게 되는 것'을 경계하는 데 있습니다. 이런 격렬한 경고가 있는 것은 그만큼 가나안의 종교가 매력적이었음을 보여줍니다. 가나안의 종교는 엄청난 정성으로 신에게 바치면 신이 모든 축복을 부어준다는 사상을 가장 기반으로 합니다. 사람의 욕망을 부추기고 오직 막대한 제사에만 몰두하게 합니다. 이런 식의 종교는 심지어 오늘날까지도 여전히 사람들에게 큰 영향력을 발휘합니다. 훗날 이스라엘은 그들을 완전히 몰아내지 않았고 그들의 신앙에 영향을 받아 결국 바알 숭배로 대표되는 우상숭배로 인해 멸망하는 지경까지 이릅니다. 하나님의 규례를 따르는 삶과 욕망을 충실히 채워주는 종교 사이는 이토록 간격이 큽니다.

그렇게 되면 주님께서 진노하셔서, 곧바로 당신들을 멸하실
것입니다. 5 그러므로 당신들은 그들에게 이렇게 하여야 합
니다. 그들의 제단을 허물고 석상을 부수고 아세라 목상을 찍
고 우상들을 불사르십시오. 6 당신들은 주 당신들의 하나님
의 거룩한 백성이요, 주 당신들의 하나님이 땅 위의 많은 백
성 가운데서 선택하셔서, 자기의 보배로 삼으신 백성이기 때
문입니다.
7 ○ 주님께서 당신들을 사랑하시고 택하신 것은, 당신들이
다른 민족들보다 수가 더 많아서가 아닙니다. 오히려 당신들
은 모든 민족 가운데서 수가 가장 적은 민족입니다. 8 그런데
도 주님께서는 당신들을 사랑하시기 때문에, 당신들 조상에
게 맹세하신 그 약속을 지키시려고, 강한 손으로 당신들을 이
집트 왕 바로의 손에서 건져내시고, 그 종살이하던 집에서 이
끌어내어 주신 것입니다. 9 그러므로 당신들은 주 당신들의
하나님이 참 하나님이시며 신실하신 하나님이심을 알아야 합
니다. 주님을 사랑하고 주님의 계명을 지키는 사람에게는, 천
대에 이르기까지 그의 언약을 지키시며, 또 한결같은 사랑을

하나님은 참 하나님이며 신실하신 분이라고 하는데, 그것은 순전히 이스라엘에게만 해당되는 하나님 아닌가요? 구약성경과 신명기에서는 명백히 그 대상이 이스라엘입니다. 그러나 신명기를 비롯한 구약성경은 하나님께서 온 세상을 지으신 분임을 분명히 합니다. 그렇다면 하나님께서 지으신 사람 그 누구에게든 참 하나님이며 신실하신 분이라는 점은 변치 않을 것입니다. 이스라엘이 하나님의 백성으로 세워진 것은 그들의 선택이 아니라 하나님의 선택이기에, 이스라엘이 다른 민족보다 나은 점은 하나도 없습니다. 이스라엘에게 주신 명령과 가르침을 통해 온 인류는 하나님께서 원하고 기뻐하시는 것이 무엇인지를 알고 배우게 됩니다. 그래서 이스라엘은 그들만 복 받는 배타적 은혜를 받은 이들이 아니라, 온 민족을 위한 은혜의 사례이자 본을 보여주는 존재입니다.

베푸시는 신실하신 하나님이심을 알아야 합니다. 10 그러나
주님을 미워하는 사람에게는 당장에 벌을 내려서 그를 멸하
십니다. 주님께서는 자기를 미워하는 사람에게는 징벌을 늦
추지 아니하십니다. 11 그러므로 당신들은 오늘 내가 당신들
에게 내리는 명령과 규례와 법도를 잘 지켜야 합니다."

순종함으로 받는 복(신 28:1-14)

12 ○ "당신들이 이 법도를 듣고 잘 지키면, 주 당신들의 하나
님도 당신들의 조상에게 맹세하여 세우신 언약을 지키시고,
한결같은 사랑을 베푸실 것입니다. 13 또 당신들을 사랑하고
복을 주셔서 번성하게 하실 것입니다. 당신들에게 주시겠다
고 당신들의 조상에게 맹세하신 땅에서, 당신들에게 복을 주
셔서 자식을 많이 보게 하시고, 땅에 복을 주셔서 열매와 곡
식과 새 술과 기름을 풍성하게 내게 하시고, 소와 양에게도

"복을 주셔서"라는 말이 반복됩니다. 기독교의 기복주의 신앙은 여기서 나온 건가요? 이스라엘은 이집트의 종이었으나 하나님의 일방적인 건지심으로 자유민의 삶을 사는 은혜를 이미 받았습니다. 그다음에 하나님과 언약을 맺고 그분의 백성이 되기로 했으며, 하나님께서는 그들에게 규례와 법도를 명하십니다. 그래서 이후 그들이 받는 복의 출발은 12절 첫머리에서 말하듯 "당신들이 이 법도를 듣고 잘 지키면"입니다. 하나님의 규례를 따라 사는 삶은 사실 그 자체로 복된 삶입니다. 이웃을 사랑하고 환경을 함부로 착취하지 않으며 자신과 가족에게도 올바르게 행하니, 농사를 짓거나 무엇을 하더라도 좋은 결실이 날 수밖에 없을 것입니다. 사람의 힘으로 어찌할 수 없는 것에 대해 하나님께서 도우신다 약속하시니 참으로 복된 삶일 것입니다. 이와 달리 하나님의 규례와 법도를 따르는 것을 고려하지 않고, 그저 막대한 제물을 바치고 엄청난 정성의 예배를 드리면 복을 받는다는 것이 기복 신앙입니다. 그러니 하나님의 규례를 따르는 자의 복된 삶을 두고 기복 신앙이라 할 수는 없습니다.

복을 주셔서 새끼를 많이 낳게 하여주실 것입니다. 14 당신들
은 그 어느 백성보다도 더 복을 받을 것이며, 당신들 가운데
아이를 낳지 못하는 남녀가 없고, 또 당신들 짐승 가운데도
새끼를 낳지 못하는 암수가 없을 것입니다. 15 주님께서 모든
질병을 당신들에게서 멀리 떠나게 하시며, 이미 이집트에서
당신들이 알고 있는 어떤 나쁜 질병에도 걸리지 않게 하여주
실 것입니다. 그러나 당신들을 미워하는 사람은 모두 그러한
질병에 걸리게 하실 것입니다. 16 당신들은 주 당신들의 하나
님이 당신들에게 넘겨준 모든 민족을 전멸시켜야 합니다. 그
들에게 동정을 베풀어도 안 되고, 그들의 신을 섬겨서도 안
됩니다. 그것이 당신들에게 올가미가 될 것이기 때문입니다.
17 ○ 당신들이 혼자 생각에 '그 민족들이 우리보다 많은데,
어떻게 우리가 그들을 쫓아낼 수 있겠는가?' 하고 걱정할 수
도 있을 것입니다. 18 그러나 그들을 두려워하지 말고, 주 당
신들의 하나님이 바로와 모든 이집트 사람에게 하신 일을 잘
기억하십시오. 19 주 당신들의 하나님은, 당신들이 당신들의
눈으로 본 대로, 큰 재앙과 표징과 기적을 일으키시며, 강한

걱정과 두려움을 가질 수밖에 없는 상황에서, 하나님이 하신 일을 기억하라고 말합니다. 과거를 기억하는 것이 현재를 견디는 힘이 될 수 있나요? 고대 세계에서 이집트는 오늘날의 미국이나 중국과 비교할 수 없는 초강대국이었습니다. 그들의 문명 또한 당대에 가장 발달했습니다. 그런 곳에서 노예였던 이들이 무사히 탈출해서 자유를 찾아 새로운 삶을 시작한다는 것은 그야말로 쉽지 않은 일이었을 것입니다. 과거를 기억한다는 것은 그 시절 좋았던 것을 기억하기가 아닙니다. 우리가 아무것도 없었고 미약했을 때, 우리 능력을 어떻게 넘어 하나님께서 건지고 이끄셨는지를 기억하는 것입니다. 그럴 때 지금 내가 가진 것이 별로 없고 능력과 실력이 부족해도 하나님을 신뢰하며 앞으로 올바른 한 걸음을 걸어갈 수 있습니다.

손과 편 팔로 당신들을 이끌어내셨습니다. 주 당신들의 하나
님은, 지금 당신들이 두려워하는 모든 민족에게도 그와 같이
하실 것입니다. 20 또한 주 당신들의 하나님은 말벌을 그들
가운데로 보내시어, 아직 살아남은 사람들과 당신들을 피하
여 숨어 있는 사람들까지도 멸하실 것입니다. 21 당신들은 그
들을 두려워하지 마십시오. 당신들 가운데 계신 주 당신들의
하나님은 진정으로 두렵고 위대한 하나님이십니다. 22 주 당
신들의 하나님은 그 민족들을 당신들 앞에서 차츰차츰 쫓아
내실 것입니다. 당신들은 그들을 단번에 다 없애지 마십시오.
그렇게 하였다가는 들짐승이 번성하여 당신들을 해칠지도 모
릅니다.
23 ○ 주 당신들의 하나님은 그들을 당신들에게 넘겨주어, 그
들을 큰 혼란에 빠지게 하시고, 마침내 그들을 징벌하실 것입
니다. 24 주님께서 그들의 왕들을 당신들의 손에 넘기실 것이
니, 당신들은 그 이름을 하늘 아래에서 없애버려, 아무도 기억
하지 못하게 할 것입니다. 당신들은 당신들과 맞설 사람이 하
나도 없을 때까지 그들을 다 진멸시킬 것입니다. 25 당신들은

"이렇게 하라"는 조언만큼 "이것은 하지 말라"는 경고 또한 강력합니다. 하나님이 미워하는 것(26절)은 무엇인가요? 이 구절에 언급된 '주님께서 미워하시는 것'은 바로 앞 25절에 언급된 대로 이방 종교의 우상을 가리킵니다. 우리 눈에 보이지 않는 하나님께서는 하나님을 위한다며 금이나 은으로 하나님의 형상을 만드는 것을 참 싫어하십니다. 손으로 만들어진 모든 것은 하나님을 제대로 반영할 수 없고, 도리어 사람들의 욕망을 반영하기 쉽습니다. 그래서 그런 우상은 모두 번쩍거리는 금과 은으로 매우 커다랗게 만들어질 것입니다. 그러나 사람들은 끊임없이 하나님을 그런 형상으로 표현해 그 앞에 절하고 엎드립니다. 이스라엘 역시 하나님의 무수한 경고에도 불구하고 계속 이런 유혹을 받고 넘어집니다.

그들의 신상을 불살라버리고, 그 위에 입힌 금이나 은을 탐내
지 말며 빼앗지도 마십시오. 그것 때문에 당신들이 올가미에
걸릴까 두렵습니다. 그런 행위는 주 당신들의 하나님이 미워
하시는 것입니다. 26 당신들은 주님께서 미워하시는 것을 당
신들의 집에 끌어들이지 마십시오. 그러다가는 당신들도 그것
과 함께 망할 것입니다. 당신들은 철저히 그것을 미워하고 꺼
려야 합니다. 그것은 모두 없애야 할 것이기 때문입니다."

{ 제8장 }

이스라엘이 차지할 좋은 땅

1 "당신들은 오늘 내가 당신들에게 명하는 모든 명령을 잘 지
키십시오. 그러면 당신들이 살아서 번성할 것이며, 주님께서
당신들 조상에게 약속하신 땅에 들어가서 그 땅을 차지할 것
입니다. 2 당신들이 광야를 지나온 사십 년 동안, 주 당신들의
하나님이 당신들을 어떻게 인도하셨는지를 기억하십시오. 그

비슷한 이야기들이 반복해서 나오니까 지겨운 잔소리처럼 들립니다. 왜 이렇게 같은 이야기를 계속 반복하는 건가요? 정말 말 그대로 신명기는 비슷한 이야기를 되풀이해 권면합니다. 그만큼이나 하나님을 신뢰하며 살아가는 삶이 쉽지 않다는 것을 보여줍니다. 8장에서는 광야 40년 동안 하나님께서 이스라엘에게 필요한 것을 채워주셨고 이제 인도하실 땅 역시 좋은 곳임을 이야기하면서, 하나님께서 행하신 일을 기억하도록 촉구합니다. 사람이란 조금만 편해지면 이전의 어려움이나 은혜를 잊기 쉽습니다. 그러면 곧바로 이 모든 것이 원래부터 나의 것인 양, 내가 잘나서 이 모든 것을 얻은 양, 욕심을 부리거나 교만해지곤 합니다. 신명기와 같은 말씀을 꾸준히 읽으면서 우리는 우리에게 있는 것이 하나님의 은혜임을, 그리고 우리가 맨손으로 시작했음을 다시 한번 되새기게 됩니다.

렇게 오랫동안 당신들을 광야에 머물게 하신 것은, 당신들을
단련시키고 시험하셔서, 당신들이 하나님의 계명을 지키는지
안 지키는지, 당신들의 마음속을 알아보려는 것이었습니다.
3 주님께서 당신들을 낮추시고 굶기시다가, 당신들도 알지 못
하고 당신들의 조상도 알지 못하는 만나를 먹이셨는데, 이것
은, 사람이 먹는 것으로만 사는 것이 아니라 주님의 입에서 나
오는 모든 말씀으로 산다는 것을, 당신들에게 알려주시려는
것이었습니다. 4 지난 사십 년 동안, 당신들의 몸에 걸친 옷이
해어진 일이 없고, 발이 부르튼 일도 없었습니다. 5 당신들은,
사람이 자기 자녀를 훈련시키듯이, 주 당신들의 하나님도 당
신들을 훈련시키신다는 것을 마음속에 새겨두십시오. 6 당신
들은 주 당신들의 하나님의 명령을 잘 지키고, 그의 길을 따
라가며, 그를 경외하십시오. 7 주 당신들의 하나님이 당신들
을 데리고 가시는 땅은 좋은 땅입니다. 골짜기와 산에서 지하
수가 흐르고 샘물이 나고 시냇물이 흐르는 땅이며, 8 밀과 보
리가 자라고 포도와 무화과와 석류가 나는 땅이며, 올리브기
름과 꿀이 생산되는 땅이며, 9 먹을 것이 모자라지 않고 아무

하나님은 왜 사람들을 훈련시키나요?(5절) 훈련 없이 목표한 바를 이루기는 힘든가요? 만일 하나님께서 사람의 모든 것을 구할 때마다 곧바로 다 채워주신다면, 아마 우리는 평생 하나님께 이것 달라 저것 달라 떼쓰는 아이가 돼버릴 것입니다. 기도할 때마다 응답받는 것도 그래서 다소 문제가 있습니다. 훈련은 우리를 하나님 앞에서 믿음으로 서게 합니다. 어려움을 겪을 때 절망하고 좌절하는 것이 아니라, 하나님께서 이제껏 베푸신 은혜를 상기하며 지금 우리에게 있는 것이 모두 주님의 은혜로 주어진 것임을 기억한다면 언제든 두려움 없이 새로 시작할 수 있습니다. 이런 과정을 여러 번 거치면서 정말 우리를 살게 하시는 분이 하나님임을 실감하게 될 것입니다. 그래서 주변의 사람들이나 환경에 좌우되지 않고, 언제라도 하나님을 신뢰하며 믿음으로 걸어갈 수 있습니다.

것도 부족함이 없는 땅이며, 돌에서는 쇠를 얻고 산에서는 구
리를 캐낼 수 있는 땅입니다. 10 주 당신들의 하나님이 당신
들에게 주신 옥토에서, 당신들은 배불리 먹고 주님을 찬양할
것입니다."

주님을 잊지 말라는 경고

11 ○ "오늘 내가 당신들에게 전하여주는 주님의 명령과 법도
와 규례를 어기는 일이 없도록 하고, 주 당신들의 하나님을 잊
지 않도록 하십시오. 12 당신들이 배불리 먹으며, 좋은 집을
짓고 거기에서 살지라도, 13 또 당신들의 소와 양이 번성하고,
은과 금이 많아져서 당신들의 재산이 늘어날지라도, 14 혹시
라도 교만한 마음이 생겨서, 당신들을 이집트 땅 종살이하던
집에서 이끌어내신 주 당신들의 하나님을 잊어버리는 일이 없
도록 하십시오. 15 주님께서는 넓고 황량한 광야 곧 불뱀과 전
갈이 우글거리는 광야와 물이 없는 사막에서 당신들을 인도하
여주시고, 차돌 바위에서 샘물이 나게 하신 분이십니다. 16 광

하나님이 이스라엘에게 해주신 일들을 되새기면서 하나님을 기억하라고 강조합니다. 지금의 이스라엘은 그 하나님을 잘 기억하고 있나요? 구약성경에 나오는 이스라엘의 후손인 현대 이스라엘만이 아니라, 예수 그리스도를 통해 함께 믿음의 자손이 된 오늘의 기독교인들 역시 하나님께서 행하신 일을 기억하라는 명령에 늘 주의해야 합니다. 내 힘과 내 능력이 아니라 하나님께서 우리를 돌보고 베푸신 것임을 정말 기억한다면, 우리는 우리에게 있는 것을 이웃과 함께 나눌 수 있습니다. 원래 우리 것이 아니라 하나님께서 주신 것이니까요. 만약 우리가 우리와 함께 살아가는 가난한 이들을 돌아보지 않는다면 그것은 하나님을 잊어버린 것입니다. 능력주의를 내세우면서 능력에 따라 월급에 차등이 있어야 한다고 말한다면, 그건 하나님께서 우리에게 은혜로 베푸신 것임을 잊어버린 것입니다.

야에서는 당신들의 조상도 알지 못하던 만나를 당신들에게 먹
이셨습니다. 이것이 다 당신들을 단련시키고 시험하셔서, 나
중에 당신들이 잘되게 하시려는 것이었습니다. 17 당신들이
마음속으로 '이 재물은 내 능력과 내 손의 힘으로 모은 것이라'
고 생각할 것 같아서 걱정이 됩니다. 18 그러나 주 당신들의
하나님이, 당신들의 조상에게 맹세하신 그 언약을 이루시려
고 오늘 이렇게 재산을 모으도록 당신들에게 힘을 주셨음을,
당신들은 기억해야 합니다. 19 내가 오늘 당신들에게 다짐합
니다. 당신들이 주 당신들의 하나님을 참으로 잊어버리고, 다
른 신들을 따라가서 그들을 섬기며 절한다면, 당신들은 반드
시 멸망할 것입니다. 20 당신들이 주 당신들의 하나님의 음성
을 듣지 않으면, 주님께서는, 당신들 앞에서 멸망시킨 민족들
과 똑같이, 당신들도 망하게 하실 것입니다."

{ 제9장 }

백성의 불순종

1 "이스라엘은 들으십시오. 오늘 당신들이 요단강을 건너가서,
당신들보다 강대한 민족들을 쫓아내고, 하늘에 닿을 듯이 높
은 성벽으로 둘러싸인 큰 성읍들을 차지할 것입니다. 2 거기
에 있는 사람들, 힘이 세고 키가 큰 이 민족은, 당신들이 아는
그 아낙 자손입니다. '누가 아낙 자손과 맞설 수 있겠느냐?'
하는 말을 당신들은 들었을 것입니다. 3 그러나 당신들이 아
시는 대로, 오늘 주 당신들의 하나님이 맹렬한 불이 되어 당
신들 앞에서 건너가시며, 몸소 당신들 앞에서 그들을 멸하셔
서, 그들이 당신들 앞에 무릎을 꿇게 하실 것입니다. 주님께
서 당신들에게 말씀하신 대로, 그들을 빨리 몰아내고 멸망시
키실 것입니다.

3절에는 '당신들'이라는 말이 여러 번 나옵니다. 모세가 말하려는 의도는 무엇인가요? 9장은 모세가 하나님께 십계명을 기록한 두 돌판을 받은 내용을 다룹니다. 십계명과 두 돌판은 이미 5장에서도 언급되었습니다. 이를 둘러싸고 5-9장은 하나님을 신뢰하며 그분의 계명과 규례를 지킬 것을 그야말로 신신당부하는 모세의 설교를 전합니다. 이제 이스라엘이 들어가는 땅에는 힘이 세고 키가 큰 민족들이 살고 있어서, 이스라엘은 자신들이 과연 그들과 맞서 싸워 이기고 그 땅에서 살 수 있을까 두려워합니다. 그들을 향해 모세는 하나님께서 맹렬한 불이 되어 그들보다 먼저 나아가시고 그 땅 백성을 멸하실 것임을 다시금 선포하며 이릅니다. 이미 하나님께서는 그렇게 행하겠다고 약속하셨고, 반드시 그 약속을 이루실 것입니다. 반면 백성들은 하나님의 은혜를 경험하고 나아왔지만, 끊임없이 불신하고 뒤돌아보고 불평합니다. 그래서 9장에는 그 백성을 향한 하나님의 노여움, 모세의 안타까움이 짙게 배어 있습니다.

4 ○ 주 당신들의 하나님이 그들을 당신들 앞에서 내쫓으신
다음에, 행여 '내가 착하기 때문에 주님께서 나를 이끌어 들여
이 땅을 차지하게 하셨다'고 생각하지 마십시오. 주님께서 이
민족을 당신들 앞에서 내쫓은 것은, 그들이 악하기 때문입니
다. 5 당신들이 마음이 착하고 바르기 때문에 당신들이 들어
가서 그들의 땅을 차지하도록 하신 것이 아니라, 여기에 있는
이 민족들이 악하기 때문에 주 당신들의 하나님이 그들을 당
신들 앞에서 내쫓으신 것입니다. 이렇게 하여, 주님께서는 당
신들의 조상 아브라함과 이삭과 야곱에게 맹세하신 그 말씀
을 이루신 것입니다.
6 ○ 주 당신들의 하나님이 이 좋은 땅을 당신들에게 주어 유
산으로 차지하게 하신 것이, 당신들이 착하기 때문이 아님을,
당신들은 알아야 합니다. 오히려 당신들은 고집이 센 백성입
니다. 7 당신들은 광야에서 주 당신들의 하나님을 얼마나 노
엽게 하였던가를 잊지 말고 기억하십시오. 당신들은 이집트

주님이 이스라엘 백성의 조상 아브라함, 이삭, 야곱에게 맹세하신 그 말씀(5절)은 무엇을 말하나요? 이스라엘의 조상인 아브라함, 이삭, 야곱에 대한 언급은 구약성경 창세기에 실린 내용을 가리킵니다. 원래 아브라함의 가족은 지금의 이라크 지역에 해당하는 곳에 살았는데, 하나님께서는 아브라함을 불러 하나님께서 명하시는 땅으로 가게 하셨습니다. 아브라함이 가나안 땅에 이르렀을 때 하나님께서는 그와 그의 후손에게 이 땅을 주겠다고 약속하셨습니다(창 13:14-17; 15:18-21). 그리고 그 약속은 이삭(창 26:2-5)과 야곱(창 28:13-14)에게도 이어졌습니다. 아브라함과 그 자손은 가나안 땅에서 나그네와 같은 신세였지만 약속을 믿으며 살아갔습니다. 하나님의 약속은 쉽게 이루어지지 않았고, 도리어 아브라함의 후손은 야곱과 요셉 대에 이르러 머나먼 이집트 땅까지 흘러 들어와 무려 400년 넘는 세월을 지내야 했습니다. 마침내 모세의 시대에 이르러서야 이스라엘은 이집트를 떠나 하나님께서 약속하신 땅을 목전에 두었습니다.

땅에서 나오던 날부터 이곳에 이르기까지 줄곧 주님을 거역
하였습니다.
8 ○ 당신들은 이미 호렙산에서 주님을 노엽게 하였으며, 그
래서 주님께서는 진노하셔서, 당신들을 멸하려고 하셨습니
다. 9 그때에 나는 돌판 곧 주님께서 당신들과 세우신 언약을
쓴 돌판을 받으려고 산에 올라가, 그 산에서 밤낮 사십 일을
살면서, 밥도 먹지 않고 물도 마시지 않았습니다. 10 그때에
주 하나님이 돌판 둘을 나에게 주셨는데, 그 돌판의 글은 하
나님이 손수 쓰신 것입니다. 그 두 돌판에는 당신들 총회 날
에 주님께서 그 산꼭대기의 불길 속에서 당신들에게 하신 모
든 말씀이 그대로 기록되어 있습니다. 11 밤낮 사십 일이 지난
다음에, 주님께서는 나에게 두 돌판 곧 언약의 돌판을 주셨습
니다. 12 그리고 주님께서는 나에게 이르시기를 '일어나서 여
기에서 빨리 내려가거라. 이집트에서 이끌어낸 너의 백성이
타락하여, 내가 명한 길에서 이미 떠났으며, 자기들이 섬길
우상을 만들었다' 하셨습니다. 13 주님께서 또 나에게 말씀하
시기를 '이 백성을 보니, 정말 고집이 센 백성이구나. 14 나를

하나님이 손수 쓰신 언약의 돌판에는 무엇이 적혀 있었나요? 이에 대해 먼저 다루고 있는 5장 22절을 보면, 이 2개의 돌판에는 십계명이 기록되어 있습니다. 십계명의 내용 역시 5장 6-21절에서 소개하고 있습니다. 성경은 이 두 돌판에 하나님께서 친히 적으셨다고 표현하는데(9:10), 그만큼 십계명이 하나님의 은혜를 경험한 백성이 유념하고 따라야 할 가장 중요하면서도 기본적인 명령임을 강조합니다. 열 가지 계명이지만, 결국 하나님을 사랑하는 것, 그리고 사람을 사랑하는 것, 이 두 가지로 요약할 수 있습니다. 하나님께서 요구하신 명령이지만, 이 명령을 따라 하나님을 사랑하고 사람을 사랑하며 살아가는 것은 누구보다도 사람들 스스로에게 큰 유익이 됩니다. 그래서 십계명은 하나님의 요구 사항이지만, 사람에게 주신 하나님의 은혜이기도 합니다.

말리지 말아라. 내가 그들을 멸하여, 하늘 아래에서 그들의
이름을 없애버리겠다. 그 대신에 내가 그들보다 강한 많은 민
족을 너에게서 나오게 하겠다' 하셨습니다.
15 ○ 내가 발길을 돌려서 산에서 내려오는데, 산에는 불이
타고 있었고, 나는 두 손으로 두 언약 돌판을 들고 있었습니
다. 16 그때에 내가 보니, 당신들이 주 당신들의 하나님께 죄
를 짓고, 당신들이 섬길 송아지 우상을 만들어서, 주님께서
당신들에게 명한 길에서 이미 떠나 있었습니다. 17 그래서 내
가, 당신들이 보는 앞에서, 두 돌판을 두 손으로 번쩍 들어 내
던져 깨뜨려버렸습니다. 18 그리고 내가 전과 같이 밤낮 사십
일을 밥도 먹지 않고 물도 마시지 않고 주님 앞에 엎드려 있
어야만 한 것은, 당신들이 주님 보시기에 나쁜 일을 저질러서
그를 노엽게 하는 온갖 죄를 지었기 때문입니다. 19 주님께서
당신들을 두고 크게 분노하셔서 당신들을 죽이려고 하셨으므
로, 나는 두려웠습니다. 그러나 주님께서는 다시 한번 나의
애원을 들어주셨습니다. 20 주님께서 아론에게도 몹시 분노
하셔서 그를 죽이려고 하셨으므로, 그때에도 나는 아론을 살

'주님 보시기에 나쁜 일'(18절)을 저질렀다고 주님은 사람을 죽이려는 분인가요? 구약성경에 나오는 하나님은 용서의 하나님이 아닌가요? 이스라엘은 이집트를 나온 이래 "줄곧 주님을 거역하였습니다"(7절). 모든 죄가 문제지만, 특히 문제가 된 죄는 두 가지입니다. 하나는 모세가 십계명을 받는 동안 백성들이 아론과 더불어 하나님을 예배한다며 금송아지 모양의 우상을 만들어 그 앞에 절했던 사건입니다(12, 16절; 출 32:1–6). 두 번째 잘못은 가나안 땅에 정찰대를 보내고 그들의 보고를 들은 뒤 하나님께 온갖 원망과 불평을 늘어놓았던 일입니다(23절; 1:19–28). 이 모든 잘못에도 그저 용서한다면, 이스라엘은 하나님을 신뢰하며 살아가는 이들로 성장하지 못하고 늘 제자리에서 어리광만 부리는 존재가 되고 말 것입니다. 그래서 하나님의 심판은 백성을 향한 하나님의 사랑이기도 합니다.

려달라고 기도하였습니다. 21 당신들이 지은 죄 곧 당신들이
만든 그 금송아지를 불에 넣어 녹여서 산산이 부수고, 먼지
같은 가루로 만들어서, 산에서 흘러 내려오는 개울물에 띄워
보냈습니다.
22 ○ 당신들은 다베라와 맛사와 기브롯핫다아와에서도 주님
을 노엽게 하였습니다. 23 주님께서 당신들을 가데스바네아
로 보내실 때에, 당신들에게 이르시기를 '올라가서 내가 너희
에게 준 땅을 차지하여라' 하셨습니다. 그러나 당신들은 주 당
신들의 하나님의 명령을 거역하고, 그를 믿지 않고 그의 말씀
을 듣지 않았습니다. 24 내가 당신들을 알게 된 날부터 지금
까지, 당신들은 주님을 거역하기만 하였습니다.
25 ○ 그때에 주님께서 당신들을 멸하시겠다고 하셨으므로,
나는 주님 앞에 여전히 밤낮 사십 일을 엎드려 있으면서, 26 주
님께 기도하여 아뢰었습니다. '주 나의 하나님, 주님께서 이
백성을 강한 손으로 이집트에서 인도하여내시고, 주님의 그
크신 힘으로 속량하셨으니, 주님의 소유인 이 백성을 멸하지

백성을 위한 모세의 탄원이 절박합니다. 그는 끝까지 백성의 편에서 일한 지도자였나요? 백성들이 금송아지를 만들어 숭배했을 때, 그리고 정찰대의 보고를 듣고 원망하며 불평했을 때, 이렇게 2번 하나님께서는 그 백성을 완전히 심판하고자 하셨고, 그때마다 모세는 그들을 용서해달라고 간구했습니다(18-19, 26-29절). 모세가 드렸던 기도를 구약성경 출애굽기(32:11-13)와 민수기(14:13-19)에서 좀 더 자세하게 볼 수 있습니다. 모세는 광야 방랑 40년 동안 백성과 함께 걸었던 사람입니다. 부족함이 있었고(출 4:10) 잘못도 했지만(민 20:10-12), 그는 광야 길 내내 하나님과 백성 사이에서 백성을 위해 하나님께 기도하고 하나님의 말씀을 백성에게 전했던 지도자입니다. 출애굽 1세대와 함께 결국 가나안 땅에 들어가지 못하는 점 역시, 백성들과 일종의 연대책임을 진 것이라 볼 수 있습니다. 그는 이집트를 같이 떠났던 이들과 끝까지 함께한 셈입니다.

말아 주십시오. 27 주님의 종 아브라함과 이삭과 야곱을 생
각하셔서라도, 이 백성의 고집과 악과 죄를 보지 말아 주십시
오. 28 그렇게 하지 않으시면, 주님께서 아직 우리를 이끌어
내지 않으셨을 때에 우리가 살던 그 땅의 백성이 말하기를,
그들의 주가 자기 백성에게 주기로 약속한 땅으로 그들을 데
리고 갈 능력이 없다 하거나, 그들의 주가 자기 백성을 미워
하셔서 그들을 광야에서 죽이려고 이끌어내셨다 할까 두렵습
니다. 29 이 백성은 주님께서 그 크신 힘과 펴신 팔로 인도하
여내신 주님의 소유요 주님의 백성입니다.'"

{ 제10장 }

모세가 십계명을 다시 받다(출 34:1-10)

1 "그때에 주님께서 나에게 말씀하셨습니다. '먼젓번과 같은
돌판 둘을 다듬어서 산으로 가지고 올라와, 나에게로 오너라.
또 나무궤도 하나 만들어라. 2 네가 깨뜨린 먼젓번 판에 새긴
말을 내가 그 판에 다시 새길 터이니, 너는 그것을 그 궤에 넣
어두어라.'
3 ○ 그래서 나는 아카시아나무로 궤를 만들고, 먼젓번 것과
같은 돌판 둘을 다듬어서, 손에 들고 산으로 올라갔습니다.
4 주님께서는, 총회 날에 산 위의 불 가운데서 당신들에게 선
포하신 십계명을, 먼젓번과 같이 돌판에 새겨서 나에게 주셨
습니다. 5 내가 발길을 돌려 그 산에서 내려와, 주님께서 나
에게 명하신 대로, 그 돌판을 내가 만든 궤 안에 넣었으며, 그
이후로 그 돌판은 지금까지도 그 궤 안에 들어 있습니다."
6 ○ (이스라엘 자손은 브에롯브네야아간을 떠나서 모세라에

하나님이 십계명을 특별히 돌판에 새겨준 의미는 무엇인가요? 고대에 무엇인가를 기록하기 위해 쓰인 것은 대체로 토판이었습니다. 흙을 얇게 펴서 구운 판에 기록했습니다. 보관이 쉽지 않았지만, 갈대를 사용한 파피루스 같은 것에도 기록할 수 있었습니다. 이러한 재료들과 비교하면 돌판의 특징이 두드러집니다. 자칫 부서지기 쉽고 손상되기 쉬운 것이 토판이나 파피루스라면, 돌판은 사실상 거의 반영구적이라 할 수 있어 장시간 보관이 가능합니다. 다만 돌판은 크기의 한계가 있어서 토판처럼 많은 내용을 적을 수는 없지만, 가장 중요하고 기본적인 사항을 기록하기에는 충분했을 것입니다. 하나님께서 이스라엘에게 찾으시는 가장 중요한 가르침인 십계명은 그렇기에 돌판에 기록되었을 것입니다.

이르렀다. 거기에서 아론이 죽었으므로 그를 그곳에 장사하였
고, 그의 아들 엘르아살이 뒤를 이어서 제사장이 되었다. 7 또
그곳을 떠나 굿고다에 이르렀다가, 다시 굿고다를 떠나서, 여
러 개울이 흐르는 땅 욧바다에 이르렀다. 8 그때에 주님께서
레위 지파를 지명하셔서 주님의 언약궤를 메게 하시고, 주님
앞에 서서 주님을 섬기며 주님의 이름으로 축복하는 일을 하
게 하였으니, 이것이 오늘날까지 그대로 이어온다. 9 그러므
로 레위 사람에게는 그들의 동기들처럼 차지할 몫이나 유산
이 없다. 그러나 주 하나님이 말씀하신 대로, 주님께서 친히
그들의 유산이 되셨다.)
10 ○ "내가 먼젓번과 같이 밤낮 사십 일을 산에 머물러 있었
더니, 주님께서 이번에도 나의 호소를 들어주셔서, 주님께서
당신들을 멸망시키지 않기로 하셨습니다. 11 주님께서 내게
이르시기를 '백성 앞에 서서 출발하여라. 내가 그들의 조상에
게 주기로 약속한 그 땅으로 그들을 데리고 들어가서, 그 땅
을 차지하여라' 하셨습니다."

돌판에 새겨진 것은 잘 지키라는 명령인데, 그것을 담은 궤 이름은 왜 언약궤가 되었나요? 하나님은 홀로 하나님이신지라 사람의 그 무엇을 요구하거나 필요로 하는 분이 아님에도 이스라엘과 언약을 맺으셨습니다. 이제 하나님은 이스라엘의 하나님이시며, 이스라엘은 그분의 백성입니다. 하나님을 주인이자 왕으로 섬기며 살아가는 이들에게 하나님께서는 십계명으로 대표되는 율법을 주셨습니다. 그래서 율법은 단순히 "이것도 지켜야 하고 저것도 지켜야 하는" 무수한 조문이 아니라, 이제 하나님의 백성이 된 이들에게 주어진 하나님의 은혜로운 선물입니다. 이스라엘이 하나님의 언약 백성임을 상징하는 것입니다. 그러한 율법을 대표하는 십계명을 보관한 상자이니, 이 상자는 '언약의 상자', '언약궤'라고 불리는 것이 당연하지 않을까요? 율법을 담은 상자이기에 '법궤'라고도 불립니다(레 16:2; 민 3:31).

하나님이 요구하신 것

12 ○ "이스라엘 자손 여러분, 지금 주 당신들의 하나님이 당신
들에게 원하시는 것이 무엇인지 아십니까? 주 당신들의 하나
님을 경외하며, 그의 모든 길을 따르며, 그를 사랑하며, 마음
을 다하고 정성을 다하여 주 당신들의 하나님을 섬기며, 13 당
신들이 행복하게 살도록 내가 오늘 당신들에게 명하는 주 당
신들의 하나님의 명령과 규례를 지키는 일이 아니겠습니까?
14 그렇습니다. 하늘과 하늘 위의 하늘, 땅과 땅 위의 모든 것
이 다 주 당신들의 하나님의 것입니다. 15 그런데 주님께서
는 오직 당신들의 조상에게만 마음을 쏟아 사랑하셨으며, 많
은 백성 가운데서도 그들의 자손인 당신들만을 오늘 이처럼
택하신 것입니다. 16 그러므로 당신들은 마음에 할례를 받고,
다시는 고집을 부리지 마십시오. 17 이 세상에는 신도 많고,
주도 많으나, 당신들의 주 하나님만이 참 하나님이시고, 참
주님이십니다. 그분만이 크신 권능의 하나님이시요, 두려우

레위 지파의 일을 설명하고(8절) 유산이 없다고 합니다(9절). 레위 지파의 역할은 무엇이며, 주님께서 친히 유산이 되었다는 말은 무슨 뜻인가요? 이스라엘 열두 지파는 모두 하나님께서 약속하고 인도하시는 땅에서 자신들의 기반이요 터전이 될 땅을 분배받지만, 레위 지파는 분배에서 제외됩니다. 레위 지파는 주님을 섬기는 성소에 속한 일에 전념하도록 따로 구별된 이들입니다. 나머지 지파들이 자신들의 땅에 살면서 거둔 결실의 십분의 일을 하나님의 성소에 드리면, 그것들이 레위인의 몫이 됩니다. 이스라엘이 하나님께 드린 것이 레위인의 몫이 되니, 이를 두고 주님이 레위인의 몫, 레위인의 유산이 되었다고 말할 수 있습니다. 레위인에게는 따로 땅이라는 유산이 없지만, 하나님께서 친히 그들을 지키고 돌보셔서 살아갈 수 있게 하실 것입니다. 그래서 레위 지파는 땅 때문에 살아가는 것이 아니라 주님으로 말미암아 살아가는 것을 보여주는 살아 있는 본보기라고 할 수 있습니다.

신 하나님이시며, 사람을 차별하여 판단하시거나, 뇌물을 받
으시는 분이 아니시며, 18 고아와 과부를 공정하게 재판하시
며, 나그네를 사랑하셔서 그에게 먹을 것과 입을 것을 주시는
분이십니다. 19 당신들이 나그네를 사랑해야 하는 것은, 당신
들도 한때 이집트에서 나그네로 살았기 때문입니다. 20 주 당
신들의 하나님을 경외하고, 그를 섬기며, 그에게만 충성을 다
하고, 그의 이름으로만 맹세하십시오. 21 당신들이 찬양할 분
은 당신들의 하나님뿐이니, 당신들이 본 대로, 그분은 당신들
에게 크고 두려운 일들을 하여주신 하나님이십니다. 22 당신
들의 조상이 이집트로 내려갈 때에는 모두 일흔 명밖에 되지
않았지만, 주 당신들의 하나님은 이제 당신들을 하늘의 별과
같이 많게 하셨습니다."

하나님은 왜 많은 백성 가운데 특별히 이스라엘 백성만 선택했나요? 이스라엘이 다른 백성들보다 더 뛰어나거나 능력 있어서 택하신 것이 아닙니다. 앞 장에서 보았듯 도리어 이스라엘은 자주 하나님을 거역하기도 하는 고집스러운 이들이었습니다. 그래서 이스라엘만을 택하고 사랑하신다는 것은 전적으로 하나님의 은혜임을 보여줍니다. 사람의 어떤 자질이나 좋은 점 때문에 하나님께서 사랑하시는 것이 아니라, 사람의 어떠함과 무관하게 하나님께서 사랑하신다는 것입니다. 구약성경과 함께 존재하는 신약성경에서 예수님께서는 하나님께서 모든 사람을 사랑하신다는 것을 보이셨습니다. 그래서 구약성경에서 이스라엘에 대한 하나님의 사랑은 모든 사람을 향한 하나님의 사랑이 어떠한지를 보여주는 본이 됩니다. 우리가 어떤 존재든 하나님께서 우리에게 마음을 쏟아 사랑하셨다는 것, 그것이 신명기가 거듭 알려주는 좋은 소식입니다.

{ 제11장 }

주님의 위대하심

1 "그러므로 당신들은 주 당신들의 하나님을 사랑하며, 그의
직임과 법도와 규례와 명령을 항상 지키십시오. 2 주 하나님의
위엄과 강한 손과 편 팔을 기억해야 할 사람은, 당신들의 자녀
가 아니라 바로 당신들입니다. 당신들의 자녀들은 주 당신들
의 하나님이 하신 일과 내리신 명령을 보지도 못하고 듣지도
못하였습니다. 3 당신들이 또 기억해야 할 것은, 주님께서 이
집트의 바로 왕과 그의 온 땅에 기적과 표징을 일으키신 것과,
4 주님께서, 당신들 뒤를 쫓아온 이집트의 군대와 군마와 병거
를 홍해 바닷물로 휩쓸어, 오늘에 이르기까지 흔적도 없이 멸
하신 일과, 5 또 당신들이 이곳에 이르기까지 광야에서 당신들
에게 하신 일과, 6 르우벤의 손자요 엘리압의 아들인 다단과
아비람에게 하신 일, 곧 땅이 입을 벌려 온 이스라엘 가운데서
그들과 그들의 집안과 장막과 제 발로 걸어 다니는 모든 짐승

모세가 그들을 위해 하나님이 하신 일을 이야기하고 기억하라고 강조합니다. '기억'이 주는 의미는 무엇인가요? 신명기가 줄기차게 반복하는 "기억하라"라는 명령은 과거 좋았던 시절을 생각하며 추억에 잠기라는 의미가 전혀 아닙니다. "그때가 좋았어", "그 시절이 황금기였지" 따위와는 거리가 멉니다. 신명기에서 모세가 '기억'을 거듭 촉구하는 까닭은 과거가 그저 과거인 것이 아니라 오늘 현재와 연결되어 있기 때문입니다. 과거에 하나님께서 행하신 사건을 기억하는 것, 과거 그들의 조상이 저질렀던 불순종을 기억하는 것은 오늘 그 후손이 어떻게 살아갈 것인가와 직접 연결됩니다. 과거에 행하신 하나님의 은혜를 기억하면서 용기 있고 담대하게 하나님의 규례를 지키며 현재를 살아가는 것이 중요합니다. 그래서 모세의 기억하라는 명령은 전적으로 과거와 현재를 단단히 연결하게 합니다.

을 함께 삼켜버리게 하신 일입니다. 7 당신들은 주님께서 하신
이 위대한 모든 일을 당신들 눈으로 보았습니다."

약속의 땅

8 ○ "그러니 당신들은 오늘 내가 당신들에게 내리는 모든 명
령을 지키십시오. 그러면 당신들은 힘을 얻고, 당신들이 건
너가 차지하려는 땅에 들어가서, 그 땅을 실제로 차지할 것입
니다. 9 또한 주님께서 당신들 조상과 그 자손에게 주시기로
약속하신 땅 곧 젖과 꿀이 흐르는 땅에서 오래 살 것입니다.
10 당신들이 들어가서 차지할 땅은 당신들이 나온 이집트 땅
과는 다릅니다. 이집트에서는 채소밭에 물을 줄 때처럼, 씨를
뿌린 뒤에 발로 물을 댔지만, 11 당신들이 건너가서 차지할 땅
에는 산과 골짜기가 많아서, 하늘에서 내린 빗물로 밭에 물을
댑니다. 12 주 당신들의 하나님이 몸소 돌보시는 땅이고, 주
당신들의 하나님의 눈길이 해마다 정초부터 섣달 그믐날까지

젖과 꿀이 흐르는 땅(9절)은 사실적인 설명인가요, 아니면 상징적인 비유인가요?

만일 글자 그대로 '젖과 꿀이 흐르는 땅'이라면 진즉 강대국들이 차지하고 결코 놓치지 않았을 것입니다. 이집트 땅은 '발로 물을 대는 땅', 즉 사람의 노력과 수고로 물을 공급하는 땅이지만, 이스라엘이 이제 들어갈 땅은 하늘에서 내리는 빗물로 물을 대는 땅입니다. 그래서 '젖과 꿀이 흐르는 땅'의 핵심은 '하나님께서 친히 돌보시는 땅'입니다. 하나님의 명령과 법도를 따를 때 하나님께서는 때마다 필요한 비를 내리며 수확을 거두게 하실 것이지만, 그들이 불순종하면 그들은 농사지을 물을 어디에서도 얻을 수 없습니다. 땅이 원체 비옥해서 어지간하면 수확을 거둘 수 있는 그런 땅이라서 젖과 꿀이 흐르는 땅이 아니라, 하늘에서 내리는 비가 아니면 물을 얻을 길이 없기에, 하나님의 명령을 따라 살아가느냐 아니냐가 농사의 수확까지도 결정하는 땅이기에 그 땅은 젖과 꿀이 흐르는 땅입니다. 그래서 '젖과 꿀'은 사실상 하나님 자신입니다.

늘 보살펴주시는 땅입니다.
13 ○ 당신들이, 오늘 내가 당신들에게 명하는 그의 명령들을
착실히 듣고, 주 당신들의 하나님을 사랑하며, 온 마음과 정
성을 다하여 주님을 섬기면, 14 주님께서 당신들 땅에 가을비
와 봄비를 철 따라 내려주셔서, 당신들이 곡식과 포도주와 기
름을 거두게 하실 것이며, 15 들에는 당신들의 가축이 먹을
풀을 자라게 하여주실 것이며, 그리하여 당신들은 배불리 먹
고 살 것입니다. 16 당신들은, 유혹을 받고 마음이 변하여, 다
른 신들을 섬기거나 그 신들 앞에 엎드려서 절을 하는 일이
없도록 주의하십시오. 17 당신들이 다른 신들을 섬기면, 주님
께서는 당신들에게 진노하셔서, 하늘을 닫고 비를 내리지 않
으실 것이며, 당신들은 밭에서 아무것도 거두지 못할 것입니
다. 그렇게 되면 당신들은, 주님께서 주신 기름진 땅에서도
순식간에 망할 것입니다.
18 ○ 그러므로 당신들은, 내가 한 이 말을 마음에 간직하고,
골수에 새겨두고, 또 그것을 손에 매어 표로 삼고, 이마에 붙

모세는 자신이 한 말을 골수, 손, 이마, 문설주, 대문에 다 붙이고 24시간 언제든 가르치라고 말합니다. 중요하다는 강조를 이렇게 표현한 건가요? 그렇습니다. 마음과 골수는 사람의 속을 가리키고, 손과 이마, 문설주, 대문은 사람의 바깥을 가리킬 것입니다. 마음으로 단단히 새기는 것에 그치지 않고, 사람의 바깥에도 여기저기 표시를 해둬서 어디를 가든지 볼 수 있게 했습니다. 손으로 무엇을 하려고 할 때마다 적어둔 글이 보일 것이고, 어디를 가려고 할 때도 문설주와 대문에 쓰인 글을 다시 보게 될 것입니다. 그래서 앉으나 서나 어디를 가든지 하나님 앞에서 어떻게 살아야 하는지를 다시 기억하게 됩니다. 사람의 몸과 문에 이렇게 표시해두라는 말씀은 이미 6장 8–9절에도 있었습니다. 마음을 다하고 뜻을 다하여 하나님을 사랑하라. 이것이야말로 하나님께서 이스라엘에게 찾고 요구하시는 가장 중요한 명령입니다.

여 기호로 삼으십시오. 19 또 이 말을 당신들 자녀에게 가르
치며, 당신들이 집에 앉아 있을 때나 길을 갈 때나, 누워 있을
때나 일어나 있을 때나, 언제든지 가르치십시오. 20 당신들의
집 문설주와 대문에도 써서 붙이십시오. 21 그러면 주님께서
당신들 조상에게 주겠다고 맹세하신 땅에서, 당신들과 당신
들 자손이 오래오래 살 것입니다. 당신들은 하늘과 땅이 없어
질 때까지 길이길이 삶을 누릴 것입니다.
22 ○ 당신들이, 내가 당신들에게 명한 이 모든 명령을 정성
껏 지키며, 주 당신들의 하나님을 사랑하고, 그의 모든 길을
따르며, 그에게 충성하면, 23 주님께서 이 모든 민족을 당신
들 앞에서 다 쫓아내실 것입니다. 그리고 당신들은 당신들보
다 강대한 나라들을 차지할 것입니다. 24 당신들의 발바닥이
닿는 곳은 어디든지 다 당신들의 소유가 될 것입니다. 남쪽의
광야에서부터 북쪽 레바논 산간지방까지, 동쪽의 큰 강인 유
프라테스강으로부터 서쪽의 지중해에 이르기까지, 모두 당신
들의 영토가 될 것입니다. 25 주 당신들의 하나님은, 당신들
에게 말씀하신 대로, 당신들이 가는 곳 어디에서나, 모두들

모세의 말에 따르면 선택에 따라 축복과 저주가 판가름 납니다. 다른 백성은 몰라도 이스라엘 백성은 당연히 축복이 오는 선택을 하는 거 아닌가요? 복과 저주는 하나님께서 마음대로 내리시는 것이 아니라 26절이 보여주듯 이스라엘 앞에 놓여 있는 것입니다. 이스라엘이 스스로 하나님을 사랑하고 그분의 규례와 법도를 따르는 길을 간다면, 그들은 강해지고 하나님께서 약속하신 모든 좋은 것을 누리게 될 것입니다. 그러나 그들이 하나님을 신뢰하지 않고 다른 우상에게 굽신거리며 하나님을 떠난다면, 하나님의 복은 온데간데없이 온갖 저주 가득한 삶이 임할 것입니다. 이스라엘은 자신들 앞에 있는 복과 저주를 선택할 수 있고, 당연히 복의 길을 선택해야 합니다. 그러나 이스라엘은 지금까지 광야 길에서도 자주 저주의 길을 선택하곤 했습니다. 이제 다시 그들 앞에 선택이 놓여 있습니다.

당신들을 두려워하게 하며 당신들이 무서워서 떨게 하실 터
이니, 아무도 당신들 앞길을 가로막지 못할 것입니다.
26 ○ 보십시오, 내가 오늘 당신들 앞에 복과 저주를 내놓습
니다. 27 오늘 내가 당신들에게 명하는 주 당신들의 하나님의
명령을 귀담아듣는 사람은 복을 받을 것이며, 28 주 당신들의
하나님의 명령을 귀담아듣지 않고, 오늘 내가 당신들에게 명
한 그 길을 떠나, 당신들이 알지 못하는 다른 신들을 따르는
사람은 저주를 받을 것입니다.
29 ○ 주 당신들의 하나님이, 당신들이 들어가서 차지할 땅
으로 당신들을 인도하여 들이실 때에, 당신들은 그리심산에
서는 축복을 선포하고, 에발산에서는 저주를 선포하십시오.
30 이 두 산은 요단강 서쪽에 있습니다. 모레 상수리나무
곁, 길갈 맞은쪽, 요단강에서 서쪽으로 얼마만큼 들어간 곳
에 있고, 요단 계곡 아라바에 살던 가나안 사람의 영토에 속
합니다."

지금 모세가 말한 그 땅의 영역은 오늘날 이스라엘의 영토와 일치하나요? 유프라테스에서 남쪽 광야에 이르는 이 영토에 대한 약속은 가장 먼저 아브라함에게 주어졌습니다(창 15:18). 이 영역에 대한 좀 더 세부적인 묘사를 구약성경 민수기 34장 2-12절에서 볼 수 있습니다. 이스라엘이 이 정도의 영토에 근접하게 차지하는 때는 솔로몬 시대입니다(왕상 4:21, 24). 현대 이스라엘은 그보다 훨씬 좁은 영역을 차지하고 있습니다. 현대 이스라엘의 국기는 위아래 2개의 가로줄 사이에 별이 그려진 모양인데, 그 별은 '다윗의 별'이라 불립니다. 그리고 윗줄은 유프라테스강, 아랫줄은 이집트강을 가리킵니다. 그래서 유프라테스에서 이집트강까지 다윗의 나라라는 성경의 약속을 간직한 셈입니다. 그러나 성경의 이스라엘은 하나님의 명령을 따라 행하는 이들을 상징하되, 이후의 핏줄이나 혈연과는 무관합니다. 오로지 무력과 재력을 사용해 팔레스타인 사람을 내쫓고 지금의 땅을 차지해 건국된 현대 이스라엘은 그들이 무엇이라 주장하든 성경의 이스라엘과는 아무 상관이 없습니다.

선택된 예배 처소

31 ○ "당신들은 이제 요단강을 건너가서, 주 당신들의 하나
님이 당신들에게 주시는 땅을 차지하려고 합니다. 당신들이
그 땅을 차지하고 자리를 잡거든, 32 당신들은 오늘 내가 당
신들에게 준 모든 규례와 법규를 성심껏 지키십시오.

{ 제12장 }

1 당신들이 땅 위에서 사는 날 동안, 주 당신들 조상의 하나님
이 당신들에게 차지하게 하신 땅에서, 당신들이 지켜야 할 규
례와 법도는 다음과 같습니다.
2 ○ 당신들은 당신들이 쫓아낼 민족들이 뭇 신을 섬기는 곳
은, 높은 산이든지 낮은 언덕이든지 무성한 나무 아래이든지,
어느 곳이든지 다 허물어야 합니다. 3 거기에 있는 제단을 허

"자기의 이름을 두려고 거처를 삼으신, 당신들 모든 지파 가운데 택하신 그곳"(5절) 은 어디를 말하나요? 신명기는 하나님께 제사를 드릴 때 가까운 곳 아무 곳에서나 드려서는 안 되고 반드시 '지파들 가운데서 택하신 곳'에 가서 드려야 한다고 규정합니다. 그래서 이를 두고 신명기가 "제사를 중앙집중화한다"고 표현하며, 그렇게 정해진 한 곳만을 제사와 예배를 위한 장소로 한다는 점에서 '성소의 중앙집중화'라고도 표현합니다. 훗날 예루살렘 성전이 바로 그 정해진 한 곳입니다. 2-3절이 보여주듯, 고대 가나안은 높은 산이나 언덕, 무성한 나무 아래 곳곳에 자신들의 신을 섬기는 예배 처소인 산당을 만들었습니다. 그래서 정해진 한 곳이 아닌, 흩어진 여러 곳 특히 산당에서의 제사는 주 하나님을 섬기는 제사와 우상숭배의 관행이 손쉽게 뒤엉키곤 했습니다. 12장은 하나의 백성이 하나의 장소에서 한 하나님을 섬겨야 한다는 원칙을 명확히 정립합니다.

물고, 석상을 부수고, 아세라 목상을 불태우고, 신상들을 부
수고, 그들의 이름을 그곳에서 지워서 아무도 기억하지 못하
게 하여야 합니다.
4 ○ 그러나 당신들은 주 당신들의 하나님을 섬길 때에 이방
민족들이 그들의 신들을 섬기는 방식으로 섬겨서는 안 됩니다.
5 당신들은, 주 당신들의 하나님이 자기의 이름을 두려고 거
처로 삼으신, 당신들 모든 지파 가운데서 택하신 그곳으로 찾
아가서 예배를 드려야 합니다. 6 당신들은, 번제물과 화목제물
과 십일조와 높이 들어 바치는 곡식제물과 서원제물과 자원제
물과 소나 양의 처음 난 것을, 그곳으로 가져다가 바쳐야 합니
다. 7 당신들은 주 당신들의 하나님이 계시는 그 앞에서 먹도록
하십시오. 그리고 주 당신들의 하나님이 당신들이 수고한 일에
복을 주신 것을 생각하면서, 가족과 함께 즐거워하십시오.
8 ○ 오늘 여기에서는 우리가 저마다 자기의 소견대로 예배
를 드리지만, 거기에 가서는 그렇게 하지 못합니다. 9 주 당신
들의 하나님이 당신들에게 유산으로 주시는 땅에 아직 이르지

그 땅에 들어간 그때 하나님을 섬기는 방식으로 지켜야 한다고 제시된 예배 규정에 많은 제물이 나옵니다(11절). 하나님은 이렇게 많은 제물로 섬겨야 하는 신인가요?

번제물은 자신의 모든 삶이 하나님께로부터 왔음을 기억하며 하나님 앞에 자신을 드린다고 다짐하는 제물이고, 화목제물과 곡식제물, 서원제물은 일상의 순간마다 하나님께 감사하며 드리는 제물입니다. 십일조는 자신의 수확이 주님의 은혜로 이루어졌음을 기억하며 그 가운데 십분의 일을 성전에 드려 제사장, 레위인, 가난한 자들과 나누는 예물입니다. 이를 생각하면 제사는 번거롭고 부담스러운 것이 아니라, 내 삶의 모든 순간이 은혜요 선물임을 기억하는 것, 내가 가진 것이 전부 내 것이 아니라 이웃과 나누며 살아가도록 주어진 것임을 기억하는 것, 그래서 언제나 감사하며 살아간다는 표현입니다. 하나님은 막대한 제물을 바쳐서 기뻐하시는 분이 아니라, 사람들이 이를 기억하며 살아가는 모습을 볼 때 기뻐하십니다.

못하고, 그곳에서 누릴 안식을 아직 얻지 못한 지금은, 당신들
이 소견대로 합니다. 10 그러나 당신들이 요단강을 건너가서,
주 당신들의 하나님이 당신들에게 유산으로 주시는 땅에 정착
할 때에는, 또 주님께서 사방에 있는 모든 적들의 위협을 물리
치시고, 당신들에게 안식을 주셔서, 당신들을 평안히 살게 하
실 그때에는, 11 당신들은, 내가 당신들에게 명한 모든 것 곧
번제물과 화목제물과 십일조와 높이 들어 바치는 곡식제물과
주님께 바치기로 서원한 모든 서원제물을 주 당신들의 하나
님이 그의 이름을 두려고 선택하신 그곳으로 가지고 가서 바
쳐야 합니다. 12 거기에서 당신들은 주 당신들의 하나님을 앞
에 모시고 즐거워하십시오. 당신들만이 아니라, 당신들의 자
녀들, 남종과 여종, 당신들처럼 차지할 몫이나 유산도 없이 성
안에서 사는 레위 사람을 다 불러서 함께 즐거워하십시오.
13 ○ 당신들은 당신들이 택한 아무 곳에서나 번제를 드리는
일이 없도록 조심하십시오. 14 주님께서 당신들의 지파 가운
데서 한 곳을 택하실 터이니, 그곳으로 가서 번제를 드리고,
내가 당신들에게 명령한 다른 모든 것을 지키십시오.

이건 이렇게 하고 저건 저렇게 하고, 이건 되고 저건 안 되고…. 제물에 대한 상세한 규정이 계속 이어집니다. 이런 여러 제한의 의도는 무엇인가요? 하나님께 드리는 제사는 근본적으로 자발적이며 자원에서 비롯됩니다. 누구도 제사를 강요할 수는 없습니다. 그러나 일단 제사를 드리기로 했다면, 다음부터는 정해진 규정과 절차가 있습니다. 마음 내키는 대로 제사를 드린다면, 그것은 하나님을 제 마음대로 다루는 것이 됩니다. 부유하든 가난하든, 힘이 있든 없든, 누구나 하나님 앞에 같은 규례로 같은 장소에서 나아가게 하는 규례는 모든 사람을 하나님 앞에 동등하게 세웁니다. 모세를 통해 주어진 규례는 하나님 앞에서 우리 자신을 돌아보게 하고, 조심하며 삼가게 합니다. 그래서 하나님은 사람이 드리는 제사를 받으시는 가까운 하나님이시되, 우리 마음대로 할 수 없는 먼 하나님이기도 합니다.

15 ○ 당신들은, 주 하나님이 당신들에게 베풀어주신 복을 따
라서, 마음에 내키는 대로, 성 안 어디서든지 짐승을 잡아먹을
수 있습니다. 정한 사람이든지 부정을 탄 사람이든지, 모두 다
노루나 사슴 고기를 먹듯이, 잡은 짐승의 고기를 먹을 수 있습
니다. 16 그러나 피는 먹지 못합니다. 물처럼 땅에 쏟아버려야
합니다. 17 당신들이 십일조로 바친 곡식과 포도주와 기름과
소와 양의 처음 난 것과 서원하고 드린 갖가지 서원제물과 자
원제물과 높이 들어 바치는 곡식제물은, 성 안에서는 먹을 수
없습니다. 18 그것은 주 당신들의 하나님이 택하신 곳으로 가
지고 가서, 주 당신들의 하나님을 앞에 모시고 먹도록 하십시
오. 당신들과 당신들의 자녀와 남종과 여종과 성 안에 사는 레
위 사람과 함께 먹고, 주 당신들의 하나님 앞에서 높이 들어
바친 모든 것을 즐거워하십시오. 19 부디 당신들은 그 땅에 사
는 동안에 레위 사람을 저버리지 않도록 하십시오.
20 ○ 주 당신들의 하나님이 당신들에게 약속하신 대로, 당신
들의 땅의 경계를 넓혀주신 뒤에, 당신들이 고기 생각이 나서
고기를 먹겠다고 하면, 당신들은 언제든지 마음껏 고기를 먹을

요즘은 심장이나 뇌가 사람의 생사를 판단하는 근거가 됩니다. 왜 성경은 피를 생명이라고 말하는 건가요? 고대에건 현대에건 심장이나 뇌가 멈추면 죽은 것이라 할 수 있지만, 이에 대한 과학적 지식이 없던 고대 세계에서 죽음과 피 흘림은 언제나 거의 동반되는 현상이었기에, 피 흘림은 곧바로 죽음을 연상하게 했을 것입니다. 오늘날에도 "누구누구의 피를 헛되이 하지 말라" 같은 표현으로 사람의 생명을 '피'에 빗대어 말하지 않습니까? 구약은 이렇게 생명을 피로 상징합니다. 그래서 동물을 먹기 위해 잡더라도 피는 먹지 않고 땅에 흘리게 해서 모든 생명의 근원이 하나님께 있음을 분명히 합니다. 이와 같은 규정을 좀 더 생각해보면, 결국 식용 목적이 아니라면 결코 동물을 죽여서는 안 된다는 의미가 됩니다.

수 있습니다. 21 주 당신들의 하나님이 그의 이름을 두려고 택
하신 곳이 당신들이 있는 곳에서 멀거든, 내가 당신들에게 명
한 대로, 주님께서 당신들에게 주신 소나 양을 잡아서, 당신들
의 마음에 내키는 대로 성 안에서 먹도록 하십시오. 22 정한 사
람이든지 부정을 탄 사람이든지, 모두 다 노루나 사슴 고기를
먹듯이, 성 안에서 잡은 그 고기를 먹을 수 있습니다. 23 그러
나 어떤 일이 있어도 피는 먹어서는 안 됩니다. 피는 생명이고,
생명을 고기와 함께 먹어서는 안 되기 때문입니다. 24 피는 먹
지 못합니다. 물처럼 땅에 쏟아버려야 합니다. 25 그것을 먹어
서는 안 됩니다. 당신들이 주님 보시기에 바른 일을 하여야,
당신들과 당신들의 자손도 잘될 것입니다. 26 그러나 당신들
이 바치고자 하는 거룩한 제물이나 서원제물만은, 주님께서
택하신 그곳으로 가지고 가야 합니다. 27 당신들이 번제를 드
릴 때에는, 고기와 피를 주 당신들의 하나님의 제단에 드리십
시오. 그리고 당신들이 바친 제물의 피는 주 당신들의 하나님
의 제단 곁에 붓고, 고기는 당신들이 먹도록 하십시오.

28 ○ 내가 당신들에게 명하는 이 모든 말을 잘 들어서 지키
고, 또 주 당신들의 하나님 앞에서 선과 의를 행하면, 당신들

하나님은 다른 신들을 섬기는 것을 극도로 싫어합니다. 다른 신에 대한 질투나 경쟁인가요? 하나님은 스스로 '질투하는 하나님'이라 선언하십니다(4:24; 5:9). 그러나 우리의 질투는 누군가를 독점하기 위한 것인 반면, 하나님의 질투는 허황되고 허망한 우상에 엎드리지 않게 하려는 의도라는 점에서 근본적으로 다릅니다. 우상은 사람이 만든 물건일 뿐 아무런 힘도 능력도 없는데 고대의 사람들은 그런 우상 앞에 귀한 것을 갖다 바치며 우상에게 빕니다. 혹은 강하고 부유한 다른 나라들에게 굽신거리며 살려고 하기도 합니다. 하나님 한 분만을 섬기라는 것은 그 모든 것들에 굽신거리지 말고, 하나님의 규례를 따라 일상을 살아가라는 의미입니다.

뿐만 아니라 당신들의 자손도 영원토록 복을 받을 것입니다."

우상숭배 경고

29 ○ "주 당신들의 하나님은 당신들이 들어가서 차지하려
는 곳에 사는 민족들을 당신들 앞에서 없애버리실 것이며, 당
신들은 그들이 살던 땅을 차지하고, 그곳에서 살게 될 것입
니다. 30 그들이 당신들 앞에서 멸망한 뒤에, 당신들이 그들
의 종교적인 관습을 따르다가 올무에 걸리는 일이 없도록 조
심하십시오. '이 민족들이 자기들의 신들을 어떻게 섬겼을까?
나도 한번 그렇게 해보았으면 좋겠다' 하면서, 그들의 신들을
섬기는 일이 없도록 하십시오. 31 당신들은 주 당신들의 하나
님을 섬길 때에 이방 민족들이 그들의 신들을 섬기는 방식으
로 섬겨서는 안 됩니다. 주님께서는 그들이 신들을 섬길 때에
사용하는 모든 의식을 싫어하시고 역겨워하십니다. 그들은
자기들의 아들이나 딸마저도 불에 살라 신에게 바칩니다.
32 ○ 당신들은 내가 당신들에게 명한 이 모든 것을 지키고,
거기에 한마디도 더하거나 빼서는 안 됩니다.

{ 제13장 }

1 당신들 가운데 예언자나 꿈으로 점치는 사람이 나타나서,
당신들에게 표징과 기적을 일으킬 수 있다고 말하고, 2 실제
로 그 표징과 기적을 그가 말한 대로 일으키면서 말하기를 '너
희가 지금까지 알지 못하던 다른 신을 따라가, 그를 섬기자'
하더라도, 3 당신들은 그 예언자나 꿈으로 점치는 사람의 말
을 듣지 마십시오. 이것은 주 당신들의 하나님이, 당신들이
정말 마음을 다하고 정성을 다하여 주 당신들의 하나님을 사
랑하는지를 알고자 하셔서, 당신들을 시험해보시는 것입니
다. 4 당신들은 주 당신들의 하나님만을 따르고 그분만을 경
외하며, 그분의 명령을 잘 지키며, 그분의 말씀을 잘 들으십
시오. 그분만을 섬기고, 그분에게만 충성을 다하십시오. 5 예
언자나 꿈으로 점치는 자들은 당신들을 미혹하는 자들입니
다. 그들은, 이집트 땅에서 당신들을 인도해내시고 그 종살
이하던 집에서 당신들을 속량하여주신 주 당신들의 하나님을

예언자나 꿈으로 점치는 자들을 미혹하는 자들로 규정하고 죽이라고 합니다. 하나님이 사람을 가지고 이스라엘 백성들을 시험하는 것이라면서, 왜 그 사람을 죽이라고 하나요? 신명기의 진술은 일어난 상황에 대한 해석이고 풀이입니다. 얼핏 하나님께서 시험하시는 것이니 다른 신을 섬기자고 한 이에게는 책임이 없다 생각할 수 있습니다. 그러나 그렇게 다른 신을 섬기자고 한 이들은 하나님께 조종되는 허수아비가 아니라 그들 스스로 이방 신에게 미혹된 이들입니다. 다만 이러한 상황에 처한 사람들로서는 "하나님께서 우리가 제대로 하나님을 신뢰하는지 시험하신다"고 생각할 것입니다. 만일 모든 사람을 하나님께서 뜻대로 조종하신다면, 인간은 그저 하나님의 꼭두각시일 뿐이며 오늘날 사람이 만들어낸 컴퓨터나 마찬가지일 것입니다. 그렇게 하나님 뜻대로 조종되는 존재라면 사람을 두고 하나님의 형상이라고는 결코 말하지 않을 겁니다.

배반하게 하며, 주 당신들의 하나님이 가라고 명하신 길에서
당신들을 떠나게 하는 자들입니다. 그러므로 그런 자들은 죽
여야 합니다. 그렇게 하여서 당신들은 당신들 가운데서 그런
악을 뿌리째 뽑아버려야 합니다.
6 ○ 당신들의 동복형제나 아들이나 딸이나 당신들의 품에 안
기는 아내나, 당신들이 목숨처럼 아끼는 친구 가운데 누구든
지, 당신들에게 은밀히 말하기를 '우리와 우리 조상이 일찍이
알지 못하던 신들에게 가서, 그 신들을 섬기자' 하고 꾀거나,
7 '우리가 가서, 땅의 이 끝에서 저 끝까지, 사방 원근 각처에
있는 민족들의 신을 섬기자' 하더라도, 8 그 말에 귀를 기울이
지도 말고, 듣지도 말고, 그런 사람을 불쌍하게 여기지도 말
며, 가엾게 여기지도 말고, 덮어서 숨겨줄 생각도 하지 마십
시오. 9 반드시 죽여야 합니다. 증인이 맨 먼저 돌로 치고, 그
다음에 모든 백성이 뒤따라서 돌로 치게 하십시오. 10 그는
당신들을 꾀어 이집트 땅 종살이하던 집에서 건져내주신 주

그 사람이 누구든 다른 신을 섬기자고 한 사람에게는 인지상정이나 측은지심 따위는 갖지도 말고(8-10절) 일벌백계의 본을 위해(11절) 돌로 쳐 죽이라고 단호하게 말합니다. 그건 그렇게 큰 죄인가요? 신명기를 비롯한 구약성경은 대체로 이방 나라가 각각 그들의 신을 섬기는 것을 두고 뭐라 하지 않습니다. 신명기와 구약성경의 단호한 부분은 하나님께서 선택하신 이스라엘은 반드시 한 분 하나님만을 섬기고 예배해야 한다는 것입니다. 하나님과 언약 맺은 백성이기에 가장 크고도 중요한 죄는 이 언약을 깨는 것입니다. 하나님께서는 그 백성 이스라엘을 보호하시고, 이스라엘은 그들의 하나님 한 분께 충성합니다. 신명기는 이를 "마음을 다해 하나님을 사랑하는 것"이라고 표현합니다. 그런데 만일 이스라엘이 하나님을 떠나 다른 것들에 마음을 빼앗기고 다른 것들을 사랑한다면, 그것은 이스라엘과 하나님의 가장 근본적인 관계를 깨뜨린 것입니다. 다른 신을 섬기는 것이 결국 이스라엘의 존재 이유 자체를 뒤흔드는 행위임을 단호하게 돌로 쳐 죽이라는 강력한 명령을 통해 표현합니다.

당신들의 하나님으로부터 당신들을 떠나게 하려는 사람이니,
돌로 쳐서 죽여야 합니다. 11 그러면 온 이스라엘이 그 소식을
듣고 두려워하여, 이런 악한 일을 저지르는 사람이 당신들 가
운데서 생기지 않을 것입니다.
12 ○ 주 당신들의 하나님이 당신들에게 살라고 주신 한 성읍
에 대하여 당신들에게 소문이 들리기를 13 당신들 가운데서 불
량한 사람들이 나타나서 그 성읍의 주민을 유혹하여 이르기를
'가서 다른 신들을 섬기자' 하면서 당신들이 알지 못하던 신을
섬기게 하여 주민들로 배교자가 되게 하면, 14 당신들은 그 일
을 자세히 조사하고 잘 알아보아서, 당신들 안에서 그런 역겨
운 일이 있었다는 것이 사실로 드러나면, 15 당신들은 그 성읍
에 사는 주민을 칼로 쳐서 모두 죽이고, 그 성읍과 그 안에 있
는 모든 것과 집짐승도 칼로 쳐서 죽이십시오. 16 전리품은 모
두 거리에 모아놓고, 온 성읍과 그 전리품을 함께 불살라서,
주 당신들의 하나님께 바치십시오. 그 성읍을 영원한 폐허로
남겨두고, 다시는 거기에 성읍을 건축하지 마십시오. 17 당신

유혹에 빠져 배교를 선택한 성읍에 대해 사람과 전리품을 완전히 없애고, 그 성읍마저 영원히 폐허로 만들라고 합니다. 이렇게까지 하는 의도는 무엇인가요? 살아 있는 존재를 모두 죽이고 물건까지도 완전히 불살라버리라는 강력한 규정은 그만큼 이스라엘의 우상숭배가 극심한 죄악임을 말합니다. 실제 이스라엘 역사에서 저렇게 이스라엘 스스로 완전히 없애버리고 불태워버린 성읍이 존재했는지는 성경에 전혀 언급되지 않습니다. 그래서 저 규정은 실제로 지켜진 규정이라기보다는, 그만큼 이스라엘에게 우상숭배에 대해 유의하고 조심하고 철저하게 대응할 것을 촉구하는 규정이라 할 수 있습니다. 숫자가 많거나 능력이 대단해서가 아니라 오직 하나님의 백성으로 택함을 받아 시작된 존재가 이스라엘인데, 그 이스라엘이 하나님이 아닌 다른 무언가를 섬긴다면 이스라엘의 존립 근거 자체가 무너진 것입니다. 그렇다면 그런 이스라엘은 살아도 더 이상 산 것이 아닐 겁니다.

들은 이 없애버릴 물건에 손을 대지 마십시오. 그래야 주님께
서 분노를 푸시고 당신들을 불쌍하게 여기셔서, 당신들의 조
상에게 맹세한 대로 자비를 베푸시고, 당신들을 번성하게 하
여주실 것입니다. 18 당신들이 주 당신들의 하나님의 말씀을
듣고, 오늘 내가 당신들에게 명하는 모든 명령을 지켜, 주 당
신들의 하나님 앞에서 정직하게 살면, 주 하나님이 당신들에
게 자비를 베푸시고, 당신들을 번성하게 하여주실 것입니다."

{ 제14장 }

금지된 애도 풍속

1 "당신들은 주 당신들의 하나님의 자녀이니, 죽은 사람을 애
도할 때에 몸에 상처를 내거나 앞머리를 밀어서는 안 됩니다.
2 당신들은 주 당신들의 하나님의 거룩한 백성입니다. 주님께
서 땅 위에 있는 많은 백성 가운데서 당신들을 선택하여, 자
기의 귀중한 백성으로 삼으셨습니다."

정한 짐승과 부정한 짐승(레 11:1-47)

3 ○ "당신들은 주님께서 부정하다고 하신 것은 어떤 것도 먹
어서는 안 됩니다. 4 당신들이 먹을 수 있는 짐승은, 소와 양
과 염소와 5 사슴과 노루와 꽃사슴과 들염소와 산염소와 들
양과 산양과 같이 6 굽이 두 쪽으로 갈라진 쪽발이면서, 새김
질도 하는 모든 짐승입니다. 이것들은 당신들이 먹을 수 있습

하나님의 자녀이고, 하나님의 거룩한 백성, 귀중한 백성이라고 거듭 강조합니다. 이런 마음을 심어주는 이유는 무엇인가요? '거룩'의 근본적인 의미는 '구별' 혹은 '분리'입니다. 이스라엘이 하나님과 언약을 맺었다는 것은 이스라엘이 하나님께 구별된, 하나님께 분리된 백성, 그래서 거룩한 백성이 되었음을 의미합니다. 그러니 이스라엘은 우상숭배를 해서는 안 될 뿐 아니라, 무엇을 먹는가와 같은 일상에서도 이방 백성과는 달라야 합니다. 이스라엘이 하나님의 거룩한 백성이라는 표현은 2절과 21절에 등장해 그 사이에 있는 3-20절을 둘러싸고 있습니다. 무엇을 먹거나 먹지 않는 가장 근본적인 이유는 하나님의 거룩한 백성이기 때문이라는 의미입니다. 몸에 좋아서 먹고 몸에 안 좋아서 안 먹는 것이 아니라, 하나님의 백성이기에 먹는 것에서도 구별된 삶을 살아야 함을 보여줍니다.

니다. 7 새김질을 하거나 굽이 두 쪽으로 갈라졌더라도, 다음
과 같은 것들은 당신들이 먹지 못합니다. 낙타와 토끼와 오소
리와 같은 짐승은, 새김질은 하지만 굽이 갈라지지 않았으므
로 당신들에게 부정한 것입니다. 8 돼지는 굽은 갈라졌지만
새김질을 하지 않으므로 당신들에게 부정한 것입니다. 당신
들은 이런 짐승의 고기를 먹어서는 안 되고, 그것들의 주검도
만져서는 안 됩니다.

9 ○ 물에서 사는 모든 것 가운데서 지느러미가 있고 비늘이
있는 물고기는, 무엇이든지 당신들이 먹을 수 있습니다. 10 그
러나 지느러미가 없고 비늘이 없는 것은, 어떤 것이든지 당신
들에게 부정한 것이니, 당신들이 먹어서는 안 됩니다.

11 ○ 깨끗한 새는 무엇이든지 당신들이 먹을 수 있습니다.
12 그러나 당신들이 먹지 못하는 새가 있습니다. 그것은, 독
수리와 수염수리와 물수리와 13 매와 붉은소리개와 각종 소
리개와 14 각종 모든 까마귀와 15 타조와 올빼미와 갈매기와
각종 매와 16 부엉이와 따오기와 백조와 17 펠리컨과 흰물오
리와 가마우지와 18 고니와 각종 푸른해오라기와 오디새와

주님이 부정하다고 정한 것의 목록이 길게 이어집니다. 부정하다는 것의 의미는 무엇인가요? 돼지나 박쥐가 부정하다 해서 그것이 더럽다거나 나쁘다는 의미는 전혀 아닙니다. 돼지든 박쥐든 하나님께서 만드신 피조물이니 더러울 리 없습니다. 여기에서 '부정하다'는 것은 먹을 수 없다는 의미입니다. 그 짐승이 더럽거나 몸에 안 좋거나 문제가 많거나와는 전혀 상관없습니다. 부정하다고 규정된 짐승은 이스라엘이 먹지 못하는 짐승입니다. 이스라엘은 하나님께서 택한 백성, 정한 백성이기에 정한 짐승을 먹고, 이방 백성은 그렇지 않기에 부정한 짐승이든 정한 짐승이든 다 먹습니다. 하나님의 구별된 백성은 먹는 것에서도 구별된 삶을 살아야 한다는 점을 이와 같은 짐승의 정결 규례가 알려줍니다. 하나님의 백성이 된다는 것은 그저 마음과 정신에 달린 일이 아니라 무엇을 먹는가와 같은 일상에서도 나타납니다.

박쥐입니다.
19 ○ 날기도 하고 기어 다니기도 하는 곤충은 당신들에게 부
정한 것이니, 먹어서는 안 됩니다. 20 그러나 깨끗한 날벌레
는 당신들이 먹을 수 있습니다.
21 ○ 당신들은 주 당신들의 하나님의 거룩한 백성이므로, 저절
로 죽은 것을 먹어서는 안 됩니다. 그런 것은 당신들이 사는 성
에 있는 나그네에게 먹으라고 주거나, 이방 사람에게 파십시오.
○ 당신들은 새끼 염소를 제 어미의 젖에 삶지 마십시오."

십일조 규정

22 ○ "당신들은 해마다 밭에서 거둔 소출의 십일조를 드려야
합니다. 23 당신들은, 곡식과 포도주와 기름의 십일조를, 처음
난 소와 양의 새끼와 함께, 주 당신들의 하나님이 자기의 이름
을 두려고 택하신 곳으로 가지고 가서, 주님 앞에서 먹어야 합
니다. 이렇게 함으로써 당신들은 주 당신들의 하나님을 두려워
하는 것을 배우게 됩니다. 24 그러나 주 당신들의 하나님이 그

소출의 십일조는 가족은 물론이고 소외된 사람들과 다 함께 먹으면서 즐거워하라고 되어 있네요. 십일조는 교회를 위한 헌금 아니었나요? 하나님께서 택하신 곳은 하나님께 제사드리며 예배하는 성소 혹은 성전이 있는 곳입니다. 당연히 그곳에는 그곳에서 자신의 직무를 수행하는 제사장들이 있습니다. 제사장들과 레위인으로 이루어진 레위 지파는 따로 그들이 농사지을 땅을 받지 않았습니다(10:9). 모든 이스라엘은 한 해의 수확을 마친 후에 곡식과 포도주와 기름의 십일조, 그리고 가축의 첫 새끼를 가져다 하나님께서 택하신 성전에 바칩니다. 그렇게 드려진 십일조가 레위 지파를 위한 것이 됩니다. 신명기는 바로 이 십일조를 드리는 날이 십일조를 드리는 사람과 가족, 그리고 가난한 사람들이 모두 함께 모여 즐거운 잔치를 벌이는 날이라고 알려줍니다.

의 이름을 두려고 택하신 곳이, 당신들이 있는 곳에서 너무 멀
고, 가기가 어려워서, 그것을 가지고 갈 수 없거든, 25 당신들
은 그것을 돈으로 바꿔서, 그 돈을 가지고 주 당신들의 하나님
이 택하신 곳으로 가서, 26 그 돈으로 마음에 드는 것을 사십시
오. 소든지 양이든지 포도주든지 독한 술이든지, 어떤 것이든지
먹고 싶은 것을 사서, 주 당신들의 하나님 앞에서 당신들과 당
신들의 온 가족이 함께 먹으면서 즐거워하십시오. 27 그러나 성
안에서 당신들과 함께 사는 레위 사람은, 유산도 없고 차지할
몫도 없는 사람들이니, 그들을 저버리지 않도록 하십시오.
28 ○ 당신들은 매 삼 년 끝에 그해에 난 소출의 십일조를 다
모아서 성 안에 저장하여두었다가, 29 당신들이 사는 성 안
에, 유산도 없고 차지할 몫도 없는 레위 사람이나 떠돌이나
고아나 과부들이 와서 배불리 먹게 하십시오. 그러면 주 당신
들의 하나님은 당신들이 경영하는 모든 일에 복을 내려주실
것입니다."

레위 사람, 떠돌이, 고아나 과부를 위해 써야 하는 십일조가 따로 있네요. 왜 이들을 특별히 챙겨야 하나요? 매년 드리는 십일조는 하나님께서 택하신 곳, 즉 중앙 성소에 모이고 그곳에서 직무를 수행하는 제사장과 레위인들에게 분배됩니다. 반면 3년마다 드리는 십일조는 '성 안에' 저장합니다. 즉 이 십일조는 중앙으로 가지 않고 이스라엘 백성이 각각 거주하는 자신들의 지역에 모아둡니다. 중앙 성소에서 일하는 레위인도 있지만, 29절에서 보듯 지방에 거주하는 레위인들도 있으며, 3년마다 모은 십일조는 이들을 위해 쓰입니다. 레위인만이 아니라 떠돌이나 고아, 과부처럼 자신들의 기업을 이런저런 이유로 잃게 된 이들이 살아갈 수 있도록 하는 데도 이 십일조가 쓰입니다. 고대 이스라엘은 형편 괜찮은 사람만 살아남는 세상이 아니라, 이와 같은 제도를 통해 그 누구라도 기본적인 삶을 살아갈 수 있는 세상이었습니다. 그들을 돕지 않는다면, 다음에 내가 어려워질 때도 누구도 돕지 않을 것입니다. 그래서 가난한 사람을 돕는 것은 그들만을 돕는 게 아니라, 우리 자신을 돕는 것입니다.

{ 제15장 }

빚을 면제해주는 해(레 25:1-7)

1 "매 칠 년 끝에는 빚을 면제하여주십시오. 2 면제 규례는 이
러합니다. 누구든지 이웃에게 돈을 꾸어준 사람은 그 빚을 면
제하여주십시오. 주님께서 면제를 선포하였기 때문에 이웃이
나 동족에게 빚을 갚으라고 다그쳐서는 안 됩니다. 3 이방 사
람에게 준 빚은 갚으라고 할 수 있으나, 당신들의 동족에게
준 빚은 면제해주어야 합니다.
4 ○ 당신들 가운데 가난한 사람이 없게 하십시오. 그러면 주
당신들의 하나님이 당신들에게 유산으로 주어 차지하게 하시
는 땅에서 당신들이 참으로 복을 받을 것입니다. 5 주 당신들
의 하나님의 말씀을 잘 듣고, 오늘 내가 당신들에게 명한 이
모든 명령을 다 지키면, 6 주 당신들의 하나님이 당신들에게
말씀하신 대로 복을 내려주실 것입니다. 당신들이 많은 민족

7년 후 빚을 면제하라는 구체적인 명령이 신기해 보입니다. 나쁜 채무자도 있을 테고 돈이 꼭 필요한 채권자도 있을 텐데, 이런 경제가 과연 가능할까요? 무엇을 위해 나온 명령인가요? 빚이 일상을 얼마나 내리누르는지 빚을 져본 사람은 압니다. 7년마다의 면제는 이스라엘 가운데 누구라도 과거에 짓눌리지 않고 새 출발을 할 수 있게 합니다. 신명기를 비롯한 구약성경의 법은 '악한 가난한 자'에 대해 전혀 신경 쓰지 않습니다. 가난한 이들이 이와 같은 법을 이용해서 못된 짓을 할 가능성에 대해 고민하지 말고, 7년마다 빚 탕감을 실행하는 데 힘쓰라는 것이 하나님의 뜻입니다. 그럴 때 하나님께서 그들이 행하는 모든 일에 복을 주신다고 약속하십니다. 나는 문제없이 살아가더라도 주변의 가난한 사람들 모두가 도무지 살 수 없는 지경이 되면, 결국 나 역시 살 수 없게 될 것입니다. 신명기 율법은 혼자 살아가는 세상이 아니라 함께 살아가는 세상이라는 점을 이 같은 규례를 통해 분명히 가르칩니다.

에게 돈을 꾸어주기는 하겠지만 꾸지는 않겠고, 또 당신들이
많은 민족을 다스리기는 하겠지만 다스림을 받지는 않을 것
입니다.
7 ○ 주 당신들의 하나님이 당신들에게 주시는 땅의 어느 한
성읍 가운데에 가난한 동족이 살고 있거든, 당신들은 그를 인
색한 마음으로 대하지 마십시오. 그 가난한 동족에게 베풀지
않으려고 당신들의 손을 움켜쥐지 마십시오. 8 반드시 당신
들의 손을 그에게 펴서, 그가 필요한 만큼 넉넉하게 꾸어주십
시오. 9 당신들은 삼가서 마음에 악한 생각을 품지 마십시오.
빚을 면제하여주는 해인 일곱째 해가 가까이 왔다고 해서, 인
색한 마음으로 가난한 동족을 냉대하며, 아무것도 꾸어주지
않아서는 안 됩니다. 그가 당신들을 걸어 주님께 호소하면,
당신들이 죄인이 될 것입니다. 10 당신들은 반드시 그에게 꾸
어주고, 줄 때에는 아깝다는 생각을 하지 마십시오. 그러면
주 당신들의 하나님이 당신들이 하는 모든 일과 당신들이 손
을 대는 모든 일에 복을 내려주실 것입니다. 11 당신들은 반드

가난한 사람들에 대한 당부가 눈길을 끕니다. 수천 년 동안 이런 명령이 실제로 잘 지켜졌다면 이스라엘에는 가난한 사람이 없을 것 같은데 그러한가요? 살다 보면 누구라도 쓰러지고 낙오할 수 있습니다. 신명기 율법을 모두 지키며 산다면, 때로 실패하는 이들이 있더라도 영원히 낙오되거나 대를 이어 가난을 물려주는 일이 벌어지진 않을 것입니다. 그래서 이와 같은 규정들은 가난을 없애는 규정이 아니라 가난을 대물림하는 것을 없앤다고 할 수 있습니다. 문제는 실제로는 저와 같이 실천하지 않았다는 점입니다. 사람의 욕심과 탐욕은 가난한 자의 곤경을 보고도 자신의 앞날을 위해 손을 움켜쥔 채 가난한 이들을 모른 체하게 만듭니다. 자신의 안정을 위해 그렇게 했지만, 그런 선택들은 자신이 어쩌다 무너질 때도 다른 사람이 돕지 않게 만들 것이고, 결국 그 사회는 전부 넘어지고 말 것입니다. 실제로 이스라엘은 하나님의 명령과 규례를 떠났고 결국 멸망하고 말았습니다.

시 손을 뻗어, 당신들의 땅에서 사는 가난하고 궁핍한 동족을 도와주십시오. 그렇다고 하여, 당신들이 사는 땅에서 가난한 사람이 없어지지는 않겠지만, 이것은 내가 당신들에게 내리는 명령입니다."

종을 대우하는 법(출 21:1-11)

12 ○ "당신들 동족 히브리 사람이 남자든지 여자든지, 당신
들에게 팔려와서 여섯 해 동안 당신들을 섬겼거든, 일곱째 해
에는 그에게 자유를 주어서 내보내십시오. 13 자유를 주어서
내보낼 때에, 빈손으로 내보내서는 안 됩니다. 14 당신들은
주 당신들의 하나님으로부터 복을 받은 대로, 당신들의 양 떼
와 타작마당에서 거둔 것과 포도주 틀에서 짜낸 것을 그에게
넉넉하게 주어서 내보내야 합니다. 15 당신들이 이집트 땅에
서 종살이한 것과 주 당신들의 하나님이 당신들을 거기에서
구속하여주신 것을 생각하십시오. 그러므로 내가 오늘 이러

일곱째 해에는 종에게 자유와 소출의 일부를 넉넉히 주어 내보내라고 합니다. 이런 명령들의 의미는 무엇인가요? 구약에서 7은 7일간의 천지창조에서 보듯 하나님의 행하심과 완전하심을 상징하는 숫자입니다. 7년이 되면 종을 해방시키라는 명령은 1절 이하에 기록된 7년마다 빚을 면제하라는 명령과 더불어 이스라엘에게 스스로 일상 속에서 하나님의 그 온전하심을 닮아가도록 권하는 명령이라 할 수 있습니다. 하나님을 찬양하고 예배하는 데서 그치지 않고, 사람들의 일상에서 하나님의 온전하심을 실천하고 닮아가는 것이 하나님의 선택한 백성으로 살아간다는 의미입니다. 하나님께서 사람의 필요를 채우시듯, 이스라엘 역시 7년간 일했던 종을 해방시킬 때는 그저 빈손으로 보내지 말고 일상을 단단히 회복할 수 있도록 밑천을 챙겨서 보내라는 것입니다. 이를 통해 이 종이 얻은 자유가 일시적인 것이 아니라 제대로 된 자유가 되도록 도우라는 것이 하나님의 뜻입니다.

한 것을 당신들에게 명하는 것입니다.
16 ○ 그러나 그 종이 당신들과 당신들의 가족을 사랑하고,
당신들과 함께 있는 것을 좋아하여 '나는 이 집을 떠나가지 않
겠습니다' 하고 당신들에게 말하거든, 17 당신들은 그의 귀를
문에 대고 송곳으로 그 귓불을 뚫으십시오. 그러면 그는 영원
히 당신들의 종이 될 것입니다.
○ 여종도 그렇게 하십시오.
18 ○ 남녀종에게 자유를 주어서 내보내는 것을 언짢게 생각
하지 마십시오. 그들은 여섯 해 동안 품팔이꾼이 받을 품삯의
두 배는 될 만큼 당신들을 섬겼습니다. 그렇게 내보내야만 주
당신들의 하나님이 당신들이 하는 모든 일에 복을 내려주실
것입니다."

처음 난 소와 양의 새끼

19 ○ "당신들은 소나 양의 처음 난 수컷은 구별하여 주 당신
들의 하나님께 바쳐야 합니다. 처음 난 황소는 부리지 말아야
하고, 처음 난 양은 털을 깎지 말아야 합니다. 20 해마다 당신

소나 양의 처음 난 것을 하나님께 바치라고 하는데, 굳이 '처음 난' 것을 요구한 이유는 무엇인가요? 이러한 관습의 출발은 이스라엘이 하나님의 명령을 따라 이집트를 탈출하던 날 밤에 하나님께서 이집트의 모든 사람과 가축의 처음 난 것을 다 죽이신 사건에서 비롯됩니다(출 13:11-16). 하나님께서는 이집트의 모든 처음 난 것을 다 죽이되, 이스라엘은 그 밤을 지나 마침내 이집트를 떠날 수 있게 하셨습니다. 이를 기념하며 '이스라엘의 모든 처음 난 것은 하나님의 것'이라는 의미로 이렇게 가축의 처음 난 것을 하나님의 전에 바칩니다. 결국 가축의 처음 난 것을 바치면서, 하나님께서 베푸신 은혜를 다시 돌아보고 기념하는 것입니다.

들과 당신들의 가족은 주 당신들의 하나님 앞 곧 주님께서 택
하신 곳에서 그것을 먹어야 합니다. 21 그 짐승에 흠이 있어서,
다리를 절거나, 눈을 못 보거나, 그 밖에 무슨 흠이 있으면, 그
것은 주 당신들의 하나님께 잡아 바치지 못합니다. 22 그런 경
우에는, 노루나 사슴을 잡아먹듯이, 정한 사람이든지 부정한
사람이든지 모두 성 안에서 그것들을 잡아먹을 수 있습니다.
23 그러나 피는 먹지 말고, 물처럼 땅에 쏟아버려야 합니다."

{ 제16장 }

유월절(출 12:1-20)

1 "당신들은 아빕월을 지켜 주 당신들의 하나님께 유월절 제
사를 드려야 합니다. 이는 아빕월 어느 날 밤에, 주 당신들의
하나님이 당신들을 이집트에서 건져내셨기 때문입니다. 2 당
신들은 주님께서 자기의 이름을 두려고 택하신 그곳에서 양
과 소를 잡아, 주 당신들의 하나님께 유월절 제물로 바쳐야
합니다. 3 누룩을 넣은 빵을 이 제물과 함께 먹으면 안 됩니
다. 이레 동안은 누룩을 넣지 않은 빵 곧 고난의 빵을 먹어야
합니다. 이는 당신들이 이집트 땅에서 나올 때에 급히 나왔으
므로, 이집트 땅에서 나올 때의 일을 당신들이 평생토록 기억
하게 하려 함입니다. 4 이레 동안은 당신들의 땅의 경계 안 어
디에서도 누룩이 눈에 띄어서도 안 되고, 첫날 저녁에 잡은
제물 고기를 다음 날 아침까지 남겨두어서도 안 됩니다.
5 ○ 유월절 제사는, 주 당신들의 하나님이 당신들에게 주시

잘 지켜야 하는 구체적인 조건들이 명시된 유월절은 어떤 절기인가요? 1절에서 볼 수 있듯이, 유월절은 이집트에서 종살이하던 이스라엘 백성을 하나님께서 건져내신 것을 기념하는 절기입니다. 이스라엘이 모두 양을 잡아 그 피를 문에 바르고 가족들이 모여 그 고기와 함께 누룩 넣지 않은 빵을 먹을 때, 하나님께서는 이집트의 모든 처음 난 것들을 다 죽이셨습니다. 모든 처음 난 것을 죽이는 죽음의 천사가 문에 피를 바른 이스라엘의 집은 건너가셨기에(pass over), 이날을 '건너가는 날', 유월절(Passover)로 지킵니다. 양의 피로 인해 이스라엘을 건너가신 하나님, 그토록 강력하던 이집트의 기세를 꺾으시고 노예였던 백성을 이집트로부터 건져내신 하나님, 그 하나님을 매년 기억하며 감사하는 날이 유월절입니다.

는 성읍이라 해서, 아무데서나 다 드릴 수 있는 것은 아닙니
다. 6 유월절 제물로 드릴 것은, 당신들의 주 하나님께서 자기
의 이름을 두려고 택하신 곳에서만 잡을 수 있으며, 잡는 때
는 당신들이 이집트를 떠난 바로 그 시각 곧 초저녁 해가 질
무렵입니다. 7 주 당신들의 하나님이 택하신 곳에서 고기를
구워서 먹고, 아침이 되면 당신들의 장막으로 돌아가십시오.
8 엿새 동안은 누룩을 넣지 않은 빵을 먹고, 이렛날은 주 당신
들의 하나님 앞에서 성회로 모이십시오. 당신들은 어떤 일도
해서는 안 됩니다."

칠칠절(출 34:22; 레 23:15-21)

9 ○ "그로부터 일곱이레를 세는데, 밭에 있는 곡식에 낫을
대는 첫날부터 시작하여 일곱이레를 세십시오. 10 그리고 주
당신들의 하나님이 당신들에게 주신 복을 따라, 마음에서 우
러나오는 예물을 가지고 와서, 주 당신들의 하나님께 칠칠절
을 지키십시오. 11 당신들은 주 당신들의 하나님이 그의 이름

칠칠절도 중요한 절기인 모양입니다. 무엇을 기억하기 위한 절기인가요? 칠칠절은 밭에 있는 곡식에 낫을 대는 첫날, 수확이 처음 시작된 날로부터 일곱이레, 즉 49일이 지난 날입니다. 그래서 칠칠절은 한 해의 수확이 마무리될 즈음에 지키는 절기이기에, 수확에 대한 감사가 절기의 중심 취지라고 할 수 있습니다. '일곱이레'는 숫자 7이 2번이나 겹쳐 있습니다. 그래서 우리의 모든 수확이 많든 적든 주 하나님께로부터 온 것임을 인정하고 기억하고 고백하는 절기가 칠칠절입니다. 모든 것이 하나님께로부터 온 것이기에 움켜쥐고 아까워하지 말고, 남종과 여종, 성에서 함께 살아가는 레위 사람, 이스라엘에 흘러 들어온 떠돌이 나그네, 수확할 땅이 없었을 고아와 과부까지도 함께 결실과 수확의 기쁨을 나누는 절기이기도 합니다. 나의 즐거움이 곧 모두의 즐거움이 되는 날입니다.

을 두려고 택하신 그곳에서, 당신들과 당신들의 아들과 딸과
남종과 여종과, 성 안에서 같이 사는 레위 사람과 떠돌이와
고아와 과부까지도 함께 주 당신들의 하나님 앞에서 즐거워
해야 합니다. 12 당신들은 이집트에서 종살이하던 것을 기억
하고, 이 모든 규례를 어김없이 잘 지키십시오."

초막절(레 23:33-43)

13 ○ "당신들은 타작마당과 포도주 틀에서 소출을 거두어들
일 때에, 이레 동안 초막절을 지켜야 합니다. 14 당신들은 이
절기에 당신들과 당신들의 아들과 딸과 남종과 여종과 성 안
에서 같이 사는 레위 사람과 떠돌이와 고아와 과부까지도 함
께 즐거워해야 합니다. 15 당신들은 주 당신들의 하나님이 택
하신 곳에서 이레 동안 초막절을 지켜야 합니다. 당신들은,
주 당신들의 하나님이 당신들의 모든 소출과 당신들이 손을
댄 모든 일에 복을 주셨기 때문에 즐거워하는 것입니다.
16 ○ 모든 남자는 한 해에 세 번, 무교절과 칠칠절과 초막절

반드시 지켜야 하는 중요한 절기들이 7일씩 계속됩니다. 유월절, 칠칠절, 초막절은 지금도 지켜지고 있나요? 유월절은 7일 동안 지키는 절기이고, 칠칠절은 밭에 낫을 댄 날로부터 일곱 번의 7일이 지난 다음에 지키는 절기, 그리고 초막절은 다시 7일간 지키는 절기입니다. 이 3대 절기를 비롯해 성경이 규정하는 여러 절기는 아직도 이스라엘에서 준수됩니다. 물론 구약 시대만큼 강력한 의무로 이행되는 것은 아니지만, 이러한 절기는 이스라엘의 일상에 스며들어 있어서 마치 축제같이 지켜집니다. 신명기에서 이 세 절기는 매번 하나님께서 택하신 성소까지 순례해야 하는 절기로, 가장 중요한 것들입니다. 한 해의 일상에 이같이 하나님께서 명하신 절기가 있어서 한 해의 일상 전체에서 하나님을 기억하고 감사하며 되돌아보게 됩니다.

에, 주 당신들의 하나님이 택하신 곳으로 가서 주님을 뵈어야
합니다. 그러나 빈손으로 주님을 뵈러 가서는 안 됩니다. 17 저
마다 주 당신들의 하나님으로부터 받은 복에 따라서 그 힘대
로 예물을 가지고 나아가야 합니다."

공정한 재판

18 ○ "당신들은 주 당신들의 하나님이 각 지파에게 주시는 모
든 성읍에 재판관과 지도자를 두어, 백성에게 공정한 재판을
하도록 하십시오. 19 당신들은 재판에서 공정성을 잃어서도 안
되고, 사람의 얼굴을 보아주어서도 안 되며, 재판관이 뇌물을
받아서도 안 됩니다. 뇌물은 지혜 있는 사람의 눈을 어둡게 하
고, 죄 없는 사람을 죄인으로 만듭니다. 20 당신들은 오직 정
의만을 따라야 합니다. 그래야만 당신들이 살고, 주 당신들의
하나님이 당신들에게 주시는 땅을 당신들이 차지할 것입니다.
21 ○ 당신들은, 당신들이 만든 주 당신들의 하나님의 제단

공정한 재판에 대한 원칙들은 지금도 유효한 것처럼 보입니다. 성경이 말하는 '정의'(20절)는 무엇인가요? 성경의 '정의'의 핵심은 '올바른 판결'입니다. 사람 사는 세상에서는 억울한 사람이 없을 수가 없습니다. 억울한 일이 하나도 일어나지 않는 곳이 이스라엘이 아니라, 억울한 일이 있을 때 재판을 통해 그 억울함을 바로잡을 수 있는 곳이 이스라엘입니다. 그래서 재판관이 가장 주의해야 할 일은 사람의 얼굴과 뇌물입니다. 내가 아는 사람, 나와 이런저런 연관이 있는 사람, 세상에서 지위가 높고 권력이 있는 사람 등을 고려하지 않는 것이 "사람의 얼굴을 보지 않는다"는 의미입니다. 그리고 뇌물은 반드시 재판의 판결을 구부러지게 만듭니다. 그래서 재판관은 재판과 연루된 이들로부터 결코 그 어떤 이익을 취해서는 안 됩니다. 그럴 때 가난하든 부하든 동등하게 하나님의 율법에 따라 재판받을 수 있고, 가난해서 겪은 억울함과 원통함이 바로잡힐 수 있습니다.

옆에, 어떤 나무로라도 아세라 목상을 만들어 세워서는 안 됩
니다. 22 그리고 주 당신들의 하나님이 미워하시는 석상을 만
들어 세워서도 안 됩니다.

{ 제17장 }

1 당신들은 흠이 있거나 악질이 있는 소나 양을 주 당신들의
하나님께 제물로 바쳐서는 안 됩니다. 그런 것은 주 당신들의
하나님이 역겨워하시는 것입니다.
2 ○ 주 당신들의 하나님이 당신들에게 주시는 성읍 안에서나
당신들 가운데서, 남자이든 여자이든, 주 당신들의 하나님의
눈에 거슬리는 악한 일을 하여, 그의 언약을 깨뜨리고, 3 다른
신들을 찾아가서 섬기며, 내가 명하지 않은 해나 달이나 하늘
의 모든 천체에 엎드려 절하는 사람이 생길 것입니다. 4 이런

하나님의 눈에 거슬리는 악한 일을 하는 사람은 두세 사람의 증언만 있으면 돌로 쳐 죽이라고 합니다. 모의가 있을 수도 있는데, 이렇게 쉽게 사람을 돌로 쳐 죽이는 건 너무 심한 거 아닌가요? 이 규정의 취지는 누군가를 유죄로 판결할 때 한 사람의 일방적인 주장으로 결정해서는 안 된다는 것입니다. 그렇기에 그저 두 사람이 증언한다고 해서 무조건 유죄 판결을 내릴 순 없습니다. 실제로 두 사람의 증언을 듣고 무죄한 사람을 죽인 경우가 있습니다(왕상 21:13-14). 성경의 규정을 글자 그대로만 따를 것이 아니라, 그 글자에 표현된 취지를 심각하고 진지하게 고려해야 합니다. 아무리 하나님의 말씀이라도 글자에만 매여서는 안 됩니다. 그렇게 성경을 악용해서 약하고 억울한 사람들을 박해하는 일이 허다하게 벌어지곤 했습니다. 누군가 잘못을 저질렀을 때 여러 사람의 이야기를 들어봐야 하고, 이 사건이 그 한 사람만의 잘못이 아니라 마을 전체의 잘못이요 문제임을 기억하라는 것이 마을 사람이 함께 돌로 쳐 죽이라는 말씀의 실제 취지일 것입니다.

일이 당신들에게 보고되어 당신들이 알게 되거든, 당신들은
이것을 잘 조사해보아야 합니다. 그래서 이스라엘 안에서 이
런 역겨운 일을 한 것이 사실로 드러나면, 5 당신들은, 남자
이든 여자이든, 이런 악한 일을 한 사람을 당신들 성문 바깥
으로 끌어내어 돌로 쳐서 죽여야 합니다. 6 그런데 사람을 죽
일 때에는 한 사람의 증언만으로는 죽일 수 없으며, 두세 사
람의 증언이 있어야 합니다. 7 죽일 때에는 증인이 맨 먼저 돌
로 쳐야 하고, 그다음에 모든 백성이 뒤따라서 돌로 쳐야 합
니다. 그렇게 하여, 이런 악한 일을 당신들 가운데서 뿌리를
뽑아야 합니다.
8 ○ 당신들이 사는 성 안에서, 피 흘리는 싸움이나, 서로 다
투는 일이나, 폭행하는 일로 당신들에게 판결하기 어려운 분
쟁이 생기거든, 주 당신들의 하나님이 택하신 곳으로 그 사건
을 가지고 올라가서, 9 제사장인 레위 사람과 그때에 직무를
맡고 있는 재판관에게 가서 재판을 요청하면, 그들이 당신들
에게 그것에 대한 판결을 내려줄 것입니다. 10 당신들은 주님

"판결을 어겨서 좌로나 우로나 벗어나면 안 된다"(11절)라는 말은 어떤 상황을 상정하고 하는 말인가요? "좌로나 우로나 벗어나선 안 된다"라는 표현은 구약성경에서 여러 번 사용됩니다(신 5:32; 17:20; 28:14; 수 1:7; 23:6; 왕하 22:2; 잠 4:27). 거의 대부분 하나님의 말씀을 따를 때 좌우로 벗어나지 말라는 당부로 쓰이는데, 본문에서는 재판관의 판결을 그렇게 행하라고 촉구합니다. 하나님의 명령이나 재판관의 판결을 제 유익에 따라 제멋대로 바꿔버리지 말고, 그 말씀과 판결이 명령하는 뜻을 따라 살아가라는 것을 강조한 표현으로 볼 수 있습니다. 하나님의 말씀 준수에 쓰이는 표현이 재판관의 판결에 쓰였다는 점에서, 한 사회에서 재판관이 차지하는 역할이 얼마나 중요한지 실감할 수 있습니다. 재판관은 사람의 얼굴이나 지위, 뇌물에 결코 흔들려서는 안 됩니다. 재판관이 이런 일에 흔들린다면 그 사회는 더 이상 올바로 서지 않는 세상이 될 것이고, 하나님의 무서운 심판이 임할 것입니다.

께서 택하신 곳에서 그들이 당신들에게 내려준 판결에 복종
해야 하고, 당신들에게 일러준 대로 지켜야 합니다. 11 그들
이 당신들에게 내리는 지시와 판결은 그대로 받아들여서 지
켜야 합니다. 그들이 당신들에게 내려준 판결을 어겨서, 좌로
나 우로나 벗어나면 안 됩니다. 12 주 당신들의 하나님을 섬
기는 제사장이나 재판관의 말을 듣지 않고 거역하는 사람이
있으면, 죽여야 합니다. 그렇게 하여서 이스라엘에서 그런 악
한 일은 뿌리를 뽑아야 합니다. 13 그러면 온 이스라엘 백성
이 듣고 두려워하며, 다시는 아무도 재판 결과를 하찮게 여기
지 않을 것입니다."

이스라엘의 왕도

14 ○ "주 당신들의 하나님이 주시는 그 땅에 들어가서 그 땅
을 차지하고 살 때에, 주위의 다른 모든 민족같이 당신들도 왕
을 세우고 싶다는 생각이 들거든, 15 당신들은 반드시 주 당신
들의 하나님이 택하신 사람을 당신들 위에 왕으로 세워야 합

아직 존재하지도 않는 이스라엘의 왕에 대한 이야기가 나옵니다. 갑자기 튀어나온 왕 이야기의 배경은 무엇인가요? 이 본문은 고대 중동 대부분의 나라에서 실행되는 왕정이 마침내 이스라엘에서도 실행될 것을 내다보고 있습니다. 그러나 신명기는 군마를 많이 가지려 하거나 이를 위해 이집트의 도움을 구해서는 안 되며, 많은 아내를 두거나 많은 은금을 모아서도 안 된다고 단호하게 명령합니다. 왕이라면 모름지기 부국강병이 근본일 텐데, 신명기가 생각하는 왕의 가장 중요한 일은 국력이나 경제력 강화가 아니라 하나님의 율법책을 가까이 두고 하나님을 경외하며 그 말씀을 실천하는 것입니다. 그래서 신명기가 그리는 왕은 지배하거나 군림하는 왕이 아닌, 하나님 앞에서 그 말씀을 따라 살아가는 한 사람의 신앙인임을 알 수 있습니다.

니다. 당신들은 겨레 가운데서 한 사람을 왕으로 세우고, 같은
겨레가 아닌 외국 사람을 당신들의 왕으로 세워서는 안 됩니
다. 16 왕이라 해도 군마를 많이 가지려고 해서는 안 되며, 군
마를 많이 얻으려고 그 백성을 이집트로 보내서도 안 됩니다.
이는 주님께서 다시는 당신들이 그 길로 되돌아가지 못한다고
말씀하셨기 때문입니다. 17 왕은 또 많은 아내를 둠으로써 그
의 마음이 다른 데로 쏠리게 하는 일이 없어야 하며, 자기 것
으로 은과 금을 너무 많이 모아서도 안 됩니다. 18 왕위에 오
른 사람은 레위 사람 제사장 앞에 보관되어 있는 이 율법책을
두루마리에 옮겨 적어, 19 평생 자기 옆에 두고 읽으면서, 자기
를 택하신 주 하나님 경외하기를 배우며, 이 율법의 모든 말씀
과 규례를 성심껏 어김없이 지켜야 합니다. 20 마음이 교만해
져서 자기 겨레를 업신여기는 일도 없고, 그 계명을 떠나서 좌
로나 우로나 치우치지도 않으면, 그와 그의 자손이 오래도록
이스라엘의 왕위에 앉게 될 것입니다."

{ 제18장 }

제사장과 레위 사람의 몫

1 "레위 사람 제사장과 모든 레위 지파 사람은 이스라엘 가운
데서 몫이나 유산으로 받은 땅이 없으므로, 주님께 불살라 바
친 제물과 주님께 바친 예물을 유산으로 받아, 먹고살 것입니
다. 2 그들이 그 겨레 가운데서 차지할 유산이 없다는 것은,
주님께서 그들에게 말씀하신 대로, 주님께서 친히 그들의 유
산이기 때문입니다.
3 ○ 백성이 소나 양을 제물로 바칠 때에, 제사장이 그들에게서
받을 몫이 있는데, 앞다리와 턱과 위는 제사장에게 주어야 합
니다. 4 또 처음 거둔 곡식과 포도주와 기름과 처음 깎은 양털
도 제사장에게 주어야 합니다. 5 이것은 주 당신들의 하나님이
모든 지파 가운데서 그를 택하여 세우셔서, 그와 그의 자손이
대대로 주님의 이름으로 섬기는 일을 하게 하셨기 때문입니다.

레위 사람 제사장은 제사장이라는 역할 때문에 사람들로부터 대접을 받았을 것 같은데, 당시의 평범한 레위 사람들도 제사장 같은 보상을 받았나요? 적어도 신명기는 중앙 성소에서 일하는 레위인이나 지방에 거주하는 레위인 모두 동등한 대접을 받도록 규정합니다(7–8절). 제사장이든 레위 사람이든, 레위 지파에 속한 이들은 땅의 몫을 받지 않고 주 하나님을 그들의 유산으로 받았습니다. 말인즉슨, 이스라엘 자손이 하나님께 바치는 곡식을 비롯한 여러 예물로 제사장과 레위 사람이 살 수 있다는 것입니다. 그래서 레위 지파는 전적으로 하나님께 의존한 삶, 하나님께서 살게 하시는 삶을 시각적으로 보여주는 집단입니다. 이 레위 지파가 살아갈 수 있도록 나머지 이스라엘 지파들은 자신들에게 주어진 것을 함께 나눠야 합니다. 이스라엘과 레위 지파는 어떻게 서로를 돌아보고 나누며 함께 살아갈 것인가를 생생하게 증언하는 공동체라고 할 수 있습니다.

6 ○ 레위 사람은 이스라엘의 온 땅 어느 성읍에 살든지, 그
에게 간절한 소원이 있어서 살던 곳을 떠난다 하더라도, 그가
주님께서 택하신 곳에 이르면, 그곳이 어디든지, 7 하나님 앞
에 서서 섬기는 다른 모든 레위 사람 형제와 다름없이, 주 하
나님의 이름으로 직무를 수행할 수 있습니다. 8 그는 조상에
게서 물려받은 것을 팔아서 얻는 수입이 있다고 하더라도, 다
른 제사장과 같이 몫을 나누어 받아야 합니다."

이교 풍속에 관한 경고

9 ○ "당신들은 주 당신들의 하나님이 당신들에게 주시는 땅
에 들어가거든, 그곳에 사는 민족들이 하는 역겨운 일들을 본
받지 마십시오. 10 당신들 가운데서 자기 아들이나 딸을 불 가
운데로 지나가게 하는 사람과 점쟁이와 복술가와 요술객과 무
당과 11 주문을 외우는 사람과 귀신을 불러 물어보는 사람과
박수와 혼백에게 물어보는 사람이 있어서는 안 됩니다. 12 이

다른 민족들이 하는 역겨운 일들이란 주로 어떤 일을 말하는 건가요? 10-11절이 그 내용을 보여줍니다. 고대에 일상적으로 행해진 종교 관행 가운데 자녀를 그들의 신에게 바치는 것이 있었고, 바쳐진 자녀는 불태워졌습니다. 신에게 자신의 가장 소중한 자식을 바치면서까지 기대하고 바랐던 무언가가 있었을 것입니다. 그러나 이는 그 어떤 이유로도 정당화할 수 없는, 부모의 얻고자 하는 무엇 때문에 자식을 희생시키는 그야말로 역겨운 행동입니다. 점쟁이, 복술가, 요술객, 무당, 주문을 외우는 사람, 귀신에게 묻는 사람, 박수, 혼백에게 묻는 사람. 이들은 모두 알 수 없는 미래를 알려준다는 집단이라 할 수 있습니다. 미래를 아는 것은 사람의 영역이 아니며 우리는 그저 현재를 충실하게 살아가야 함에도, 예나 지금이나 사람들은 미래의 결과를 미리 알고자 합니다. 잘못되고 부당한 현실의 행실을 고치기보다는, 미래를 미리 알고 재앙을 피하는 데만 급급하니 이 역시 역겨운 일입니다.

런 일을 하는 사람은 모두 주님께서 미워하십니다. 주 당신들
의 하나님은 이런 역겨운 일 때문에 당신들 앞에서 그들을 몰
아내시는 것입니다. 13 당신들은 주 당신들의 하나님 앞에서
완전해야 합니다."

예언자를 보낼 약속

14 ○ "당신들이 쫓아낼 민족들은 점쟁이나 복술가들의 이야
기를 듣지만, 주 당신들의 하나님은 당신들에게 그런 것을 용
납하지 않으십니다. 15 주 당신들의 하나님은 당신들의 동족
가운데서 나와 같은 예언자 한 사람을 일으켜 세워주실 것이
니, 당신들은 그의 말을 들어야 합니다.
16 ○ 이것은 당신들이 호렙산에서 총회를 가진 날에 주 당
신들의 하나님께 청한 일입니다. 그때에 당신들이 말하기를
'주 우리 하나님의 소리를 다시는 듣지 않게 하여주시며, 무서
운 큰 불도 보지 않게 하여주십시오. 우리가 죽을까 두렵습니

하나님의 말씀을 들어서 전해주는 예언자는 어떤 존재였나요? 지금 같은 시대에는 예언자가 없으니 하나님의 말씀을 듣지 못하는 건가요? 18–19절은 이스라엘의 예언자가 하나님께서 백성에게 이르시는 말을 '대신' 전달하는 사람임을 잘 보여줍니다. 하나님의 뜻을 올바르게 알고 정확하게 전달하는 것이 예언자의 가장 중요한 역할입니다. 오늘날 기독교 신앙은 하나님께서 사람들에게 원하시는 뜻이 구약과 신약, 성경에 표현되었다고 믿습니다. 자신이 하나님의 말씀을 받았다는 사람의 말보다 성경에 하나님의 말씀이 담겼다고 믿습니다. 고대 이스라엘에는 이와 같은 성경책이 존재하지 않아서 하나님께서 보내시는 예언자가 필요했지만, 오늘 우리는 성경을 통해 선포되는 하나님의 말씀에 귀 기울이는 것이 필요합니다. 그래서 오늘 우리에게는 성경이 예언자이고, 성경의 말씀을 해석해 선포하는 이라면 누구나 예언자와 같은 직무를 수행한다고 말할 수 있습니다.

다' 하였습니다. 17 그때에 주님께서 내게 말씀하시기를 '그들
이 한 말이 옳다. 18 나는 그들의 동족 가운데서 너와 같은 예
언자 한 사람을 일으켜 세워, 나의 말을 그의 입에 담아줄 것
이다. 그는, 내가 명한 모든 것을 그들에게 다 일러줄 것이다.
19 그가 내 이름으로 말할 때에, 내 말을 듣지 않는 사람은,
내가 벌을 줄 것이다. 20 또 내가 말하라고 하지 않은 것을,
제 마음대로 내 이름으로 말하거나 다른 신들의 이름으로 말
하는 예언자는, 죽임을 당할 것이다' 하셨습니다.
21 ○ 그런데 당신들이 마음속으로, 그것이 주님께서 하신 말
씀인지 아닌지를 어떻게 알겠느냐고 말하겠지만, 22 예언자
가 주님의 이름으로 말한 것이 그대로 이루어지지 않으면, 그
말은 주님께서 하신 말씀이 아닙니다. 그러니 당신들은 제멋
대로 말하는 그런 예언자를 두려워하지 마십시오."

{ 제19장 }

도피성(민 35:9–28; 수 20:1–9)

1 "주 당신들의 하나님이, 당신들에게 주시기로 한 그 땅, 거기
에 살고 있는 원주민을 주 당신들의 하나님이 멸망시키시고, 당
신들이 그들을 쫓아내어, 그 성읍과 집에서 살게 될 때에, 2 당
신들은 주 당신들의 하나님이 당신들에게 차지하라고 주신 땅
에서 성읍 셋을 따로 구별하여놓아야 합니다. 3 주 당신들의
하나님이 당신들에게 주신 땅을 세 영역으로 구분하여 길을 닦
아, 모든 살인자가 그곳으로 피신할 수 있게 하십시오.
4 ○ 살인자가 구별된 성읍으로 도피하여 살 수 있는 경우는
다음과 같습니다. 일찍이 미워한 일이 없는 이웃을 뜻하지 않
게 죽였거나, 5 어떤 사람이 이웃과 함께 나무하러 숲속으로
들어가서 나무를 찍다가 도끼가 자루에서 빠져나가 친구를
쳐서 그가 죽었을 경우에, 죽인 그 사람이 그 구별된 세 성읍
가운데 한 곳으로 피신하면 살 수가 있습니다. 6 도피성은 평

실수로 사람을 죽이는 일이 흔한 일이 아닌데, 법으로 선처의 여지를 두면 될 것을 굳이 성읍까지 지정한 의도는 무엇인가요? 고대에도 실수로 벌어진 사건에 대해서는 법으로 선처했을 것입니다. 도피성은 그 자체가 처벌이 아닙니다. 벌어진 사건에 대해 절차대로 올바른 재판이 진행되기 전까지 사람을 죽인 이의 목숨을 보존하기 위한 수단입니다. 그 사람이 의도하지 않았더라도 그에 의해 죽임당한 이의 가족은 자신의 가족을 죽인 가해자에게 복수심이 들끓을 수밖에 없습니다. 그래서 사람을 죽음에 이르게 한 이는 즉각 도피성으로 피신해 그곳에서 정당한 재판을 받을 때까지 머무릅니다(민 35:11–12; 수 20:3–6, 9). 가족을 잃은 사람들의 순간적인 복수심이 불러일으킬 수 있는 참상으로부터 실수로 사람을 죽인 이와 죽은 사람의 가족 모두를 보호함으로써 억울하게 사람이 죽는 일을 없게 하는 것, 그것이 도피성의 취지입니다.

소에 이웃을 미워한 일이 없는 사람이 실수로 이웃을 죽게 하
였을 때에 자기의 생명을 구할 수 있는 곳이므로, 그곳까지의
거리가 너무 멀면 피살자의 친척이 복수심에 불타서 살인자
를 따라가서 죽일 터이니, 거리가 너무 멀어서는 안 됩니다.
7 내가 세 성읍을 따로 떼어놓으라고 당신들에게 명령한 이유
가 바로 여기에 있습니다.
8 ○ 주 당신들의 하나님이, 당신들의 조상에게 맹세하신 대
로, 당신들 땅의 경계를 넓혀주시고 당신들의 조상에게 약속
한 모든 땅을 당신들에게 주실 때에는, 9 또 내가 오늘 당신들
에게 명하는 이 모든 명령을 당신들이 성심껏 지키고, 주 당
신들의 하나님을 사랑하며, 그가 가르쳐주신 길을 잘 따라갈
때에는, 이 세 성읍 말고 또 다른 세 성읍을 구별해야 합니다.
10 그리하여 주 당신들의 하나님이 당신들에게 유산으로 주
신 땅에서는, 죄 없는 사람이 살인죄를 지고 죽는 일이 없도
록 하여야 합니다. 그러면 살인죄 때문에 당신들이 책임을 지
는 일은 없을 것입니다.

세 성읍 말고 또 다른 세 성읍을 구별하라고 했는데(9절), 그 또 다른 세 성읍의 용도는 무엇인가요? 도피성에 관한 규례는 구약성경 민수기 35장 6절과 9-15절, 신명기 19장 1-13절, 여호수아기 20장 1-9절에 실려 있습니다. 요단강 동쪽에 3개의 성읍이 구별되었고, 이제 이스라엘이 들어갈 요단강 서쪽에도 3개의 성읍을 지정하도록 되었습니다. 놀랍게도 신명기 19장 8-9절은 하나님의 약속대로 모든 땅을 다 얻고 하나님을 사랑하며 그 명령대로 살고자 할 때, 이 6개 외에 3개의 성읍을 더 도피성으로 지정하라고 이릅니다. 추가로 3개의 성읍을 더 정하는 일은 이후에 결국 일어나지 않았습니다. 그렇지만 이 말씀은 하나님을 더욱 사랑하고 그 명령을 지켜 행한다는 것은 공동체 안에서 억울하게 죽는 사람이 생기지 않게 하려는 도피성의 추가 지정으로 드러난다고 말하는 셈입니다. 이렇듯 하나님을 향한 더 큰 사랑은 이웃의 억울함에 더 예민하게 반응하는 것으로 표현됩니다.

11 ○ 그러나 어떤 사람이 그의 이웃을 미워하여서 해치려고
숨었다가, 일어나 이웃을 덮쳐서 그 생명에 치명상을 입혀 죽
게 하고, 이 여러 성읍 가운데 한 곳으로 피신하면, 12 그가
살던 성읍의 장로들이 사람을 보내어, 그를 거기에서 붙잡아
다가 복수자의 손에 넘겨주어 죽이게 하여야 합니다. 13 당신
들은 그런 사람에게 동정을 베풀어서는 안 됩니다. 이스라엘
안에서, 죄 없는 사람이 죽임을 당하는 일이 없어야만, 당신
들이 복을 받을 것입니다."

이웃의 경계를 침범하지 말 것

14 ○ "당신들은, 주 하나님이 당신들에게 유산으로 주어 차지한 땅에서, 이미 조상이 그어놓은 당신들 이웃의 경계선을 옮기지 마십시오."

"주님 앞에 나아와, 제사장들과 재판관 앞에 서서"(17절)라는 재판정의 모습을 보면, 형사적인 문제도 종교적인 재판으로 다루어졌던 것인가요? 고대 세계는 어디나 그렇지만 종교의 영역과 정치, 일상의 영역이 분리되지 않았습니다. 하나님은 모든 대화에 함께하며 말없이 듣는 분이라는 믿음이 고대 사람들에게 있었고, 이스라엘 역시 그러한 믿음이 있었습니다. 그래서 법정 같은 곳에서 무엇인가를 맹세하고 서약한다는 것은 무엇보다도 그 자리에 늘 함께하시는 하나님 앞에서 맹세하고 서약하는 것이라 여겼습니다. 사람들 앞에서 거짓으로 맹세하는 일은 당연히 하나님 앞에서 거짓 맹세하는 일로 여겨졌고, 하나님 앞에서 충실하지 못한 행동으로 규정되었습니다. 사람을 속이고 거짓 증언하는 일은 다름 아닌 하나님을 속이고 거짓 증언하는 것입니다.

증인에 대한 규정

15 ○ "어떤 잘못이나 어떤 범죄라도, 한 사람의 증언만으로는
판정할 수 없습니다. 두세 사람의 증언이 있어야만 그 일을 확
정할 수 있습니다. 16 남에게 죄를 뒤집어씌우려는 나쁜 증인이
나타나면, 17 소송을 하는 양쪽은 주님 앞에 나아와, 그 당시의
제사장들과 재판관 앞에 서서 재판을 받아야 합니다. 18 재판
관들은 자세히 조사한 뒤에, 그 증인이 그 이웃에게 거짓 증언
을 한 것이 판명되거든, 19 그 증인이 그 이웃을 해치려고 마
음먹었던 대로 그 이웃에게 갚아주어야 합니다. 그래서 당신
들 가운데서 그런 악의 뿌리를 뽑아야 합니다. 20 그러면 남은
사람들이 이 말을 듣고 두려워하여서, 이런 악한 일을 하는 사
람이 당신들 가운데서 다시는 생기지 않을 것입니다. 21 당신
들은 이런 일에 동정을 베풀어서는 안 됩니다. 목숨에는 목숨
으로, 눈에는 눈으로, 이에는 이로, 손에는 손으로, 발에는 발
로 갚으십시오."

{ 제20장 }

전쟁에 관한 법

1 "당신들이 적군과 싸우려고 나가서, 당신들보다 많은 적군
이 말과 병거를 타고 오는 것을 보더라도, 그들을 두려워하지
마십시오. 이집트 땅에서 당신들을 인도하여주신 주 당신들의
하나님이 당신들과 함께 계십니다. 2 당신들이 싸움터에 나가
기 전에 제사장을 불러서, 군인들에게 격려의 말을 하게 하여
야 합니다. 3 제사장은 군인들을 다음과 같이 격려하십시오.
○ '이스라엘아, 들어라. 오늘 너희가 너희의 대적과 싸우러
나갈 때에, 마음에 겁내지 말며, 무서워하지 말며, 당황하지
말며, 그들 앞에서 떨지 말아라. 4 주 너희의 하나님은 너희와
함께 싸움터에 나가서, 너희의 대적을 치시고, 너희에게 승리
를 주시는 분이시다.'"
5 ○ "그다음에, 장교들은 군인들에게 다음과 같이 지시하십
시오.

이 전쟁은 어떤 전쟁을 상정하고 하는 이야기인가요? 신명기 전체 내용이 요단강을 눈앞에 둔 모압 평지에서 선포된 모세의 설교입니다. 그렇다면 여기에서 다루는 전쟁은 이제 이스라엘이 요단강을 건너 가나안 땅을 차지하는 과정에서 치르게 될 전쟁, 그리고 가나안 땅을 차지한 이후에 이런저런 상황에서 치르게 될 전쟁을 가리킨다고 볼 수 있습니다. 이미 이스라엘은 모압 평지에 이르기까지 바산 왕 옥의 나라, 헤스본 왕 시혼의 나라와 전쟁을 치렀습니다. 이 장과 이후의 몇몇 본문에서는 전쟁에 임하는 이스라엘의 자세와 명심해야 할 점에 대해 다룹니다. 이러한 내용이 설교의 형식으로 전해진다는 점에서, 전쟁이라는 삶의 한 일상에 임하는 신앙적 자세를 다룬다고 볼 수 있습니다.

○ '너희 가운데 집을 짓고 준공식을 하지 못한 사람이 있으
면, 누구든지 집으로 돌아가거라. 그가 전사함으로써 다른 사
람이 준공식을 하는 일이 없도록 하여라. 6 또 포도원을 만들
어놓고 아직 그 열매를 맛보지 못한 사람이 있으면, 그런 사
람도 누구든지 집으로 돌아가거라. 그가 전사함으로써 다른
사람이 그 열매를 맛보는 일이 없도록 하여라. 7 또 너희 가운
데 여자와 약혼하고 아직 결혼하지 못한 사람이 있으면, 그런
사람도 집으로 돌아가거라. 그가 전사함으로써 다른 사람이
그 여자와 결혼하는 일이 없도록 하여라.'
8 ○ 장교들은 군인들에게 또 이렇게 지시하십시오.
○ '전쟁이 두려워서 겁이 나면, 누구든지 집으로 돌아가거라.
그런 사람이 있으면 다른 형제의 사기만 떨어진다.'
9 ○ 장교들이 군인들에게 이런 지시를 다 끝마치면, 군인들
위에 지휘자를 임명하십시오.
10 ○ 당신들이 어떤 성읍에 가까이 가서 공격할 때에는, 먼
저 그 성읍에 평화를 청하십시오. 11 만일 그 성읍 백성이 평

전쟁에 임하는 군인들의 사정을 구체적으로 봐주고, 심약한 사람은 돌려보내라 합니다. 하나님을 믿고 하는 전쟁이라 자신이 있는 건가요, 아니면 나름대로 정예부대를 꾸리려는 생각인가요? 전쟁 관련 내용이지만, 이 본문은 실제의 전투 기술이나 공격, 수비에 대한 것이 아니라, 하나님을 믿으며 살아가는 삶의 하나로 전쟁 상황을 다룹니다. 그래서 그 첫머리에 하나님께서 함께 계신다는 것을 강조합니다(1절). 단지 사람의 능력만으로 승리하는 것이 아니기에, 이 전쟁에 모든 것을 다 걸지 말고, 이제 막 집을 지었거나 결혼했거나 수확을 앞두고 있는 사람이 있다면 일상으로 돌아가 그 좋고 행복한 순간을 충분히 누리도록 하라는 것이 이 말씀의 취지입니다. 억지로 참여하다가 자칫 전체의 사기를 떨어뜨릴 수 있다는 점을 본문에서 지적합니다(8절). 전투 능력이나 실력 면에서의 정예부대가 아니라, 하나님을 신뢰하며 자발적으로 참여한다는 의미의 정예부대를 추구한다고 볼 수 있습니다.

화 제의를 받아들이고, 당신들에게 성문을 열거든, 그 성 안
에 있는 백성을 당신들의 노비로 삼고, 당신들을 섬기게 하십
시오. 12 그들이 당신들의 평화 제의를 거부하고 싸우러 나오
거든, 당신들은 그 성읍을 포위하고 공격하십시오. 13 주 당
신들의 하나님이 그 성읍을 당신들의 손에 넘겨주셨으니, 거
기에 있는 남자는 모두 칼로 쳐서 죽이십시오. 14 여자들과
아이들과 가축과 그 밖에 성 안에 있는 모든 것은 전리품으
로 가져도 됩니다. 당신들이 당신들의 대적에게서 빼앗은 것
은 주 당신들의 하나님이 당신들에게 주신 것이니, 당신들의
마음대로 먹고 쓸 수가 있습니다. 15 당신들의 주변 민족들의
성읍에 딸리지 아니한, 당신들로부터 먼 거리에 있는 성읍들
에도 이렇게 하여야 합니다.
16 ○ 그러나 주 당신들의 하나님이 당신들에게 유산으로 주
신 땅에 있는 성읍을 점령하였을 때에는, 숨 쉬는 것은 하나
도 살려두면 안 됩니다. 17 곧 헷 사람과 아모리 사람과 가나

하나님이 유산으로 준 땅의 성읍을 점령할 때는 역겨운 일을 가르칠 가능성을 이유로 성읍 백성들을 전멸하라고 명령합니다. 하나님은 자기 백성만 사랑하고, 다른 백성들에게는 이렇게 무자비한 신인가요? 신명기는 전쟁 기술이나 전투 능력을 고취하는 책이 아니라, 일상에서 하나님을 경외하고 신뢰하며 그분이 명하신 규례와 가르침을 따라 살아갈 것을 촉구하는 책입니다. 그래서 이스라엘의 가나안 정복은 단순히 영토 확장이 아니라 하나님의 말씀을 따라 살아가는 영역의 확보를 의미합니다. 하나님께서 가나안 땅에 죄악이 가득 차게 되기까지 두신다는 언급(창 15:16)과 그 땅 백성의 죄악을 본받지 말라는 경고(레 18:24-30; 20:22-24)를 고려하면, 단지 이방 민족이라 쫓아내는 것이 아니라 그들의 죄악이 가득해서 쫓겨난다고 보는 것이 타당할 겁니다. 그렇다면 그 땅에 들어가는 이스라엘은 단지 민족이나 인종 때문에 선택받은 것이 아님을 기억하고, 철저히 죄와 싸워야 합니다. 이방 민족 전멸 명령은 죄와의 결연한 싸움을 의미합니다.

안 사람과 브리스 사람과 히위 사람과 여부스 사람은 주 당신
들의 하나님이 당신들에게 명하신 대로 전멸시켜야 합니다.
18 그렇지 않으면, 그들이 그들의 신을 섬기는 온갖 역겨운
일을 당신들에게 가르쳐서, 당신들이 주 당신들의 하나님께
죄를 짓게 할 것입니다.
19 ○ 당신들이 한 성읍을 점령하려고 둘러싸서 공격하는 데
오랜 기간이 걸리더라도, 거기에 있는 과일나무를 도끼로 마
구 찍어서는 안 됩니다. 과일은 따서 먹도록 하십시오. 그러
나 나무를 찍어버리지는 마십시오. 들에 있는 나무가 원수라
도 된단 말입니까? 어찌 그 나무들을 포위하겠습니까? 20 다
만, 먹을 열매를 맺지 못하는 나무는 당신들이 알고 있으니,
그런 나무는 찍어도 좋습니다. 당신들은 그런 나무를 찍어서,
당신들과 싸우는 성읍을 점령할 때까지, 성읍을 포위하는 데
필요한 장비를 만들어서 쓰도록 하십시오."

{ 제21장 }

범인을 알 수 없는 살인 사건

1 "주 당신들의 하나님이 당신들에게 주셔서 차지하게 하시는
땅에서, 누구에게 살해되었는지 알 수 없는 사람의 주검이 들
에서 발견될 때에는, 2 장로들과 재판관들이 현장에 나가서,
그 주검 주위에 있는 성읍들에 이르는 거리를 재십시오. 3 그
주검에서 가장 가까운 성읍이 있을 터이니, 그 성읍의 장로들
은 아직 멍에를 메고 일한 적이 없는 암송아지 한 마리를 끌
고 와서, 4 물이 늘 흐르는 골짜기, 갈지도 심지도 않은 골짜
기로 그 암송아지를 끌고 내려가, 물가에서 암송아지의 목을
꺾어서 죽이십시오. 5 그때에 레위 자손 제사장들도 그곳으
로 나와야 합니다. 그들은 주 당신들의 하나님이 선택하셔서,
주님을 섬기며 주님의 이름으로 축복하는 직책을 맡은 사람
으로서, 모든 소송과 분쟁을 판결할 것입니다. 6 이때에 피살
자의 주검이 발견된 곳에서 가장 가까운 성읍의 장로들은 물

범인을 알 수 없는 살인 사건에 대한 규정을 보면 자신들의 면책에만 관심이 있을 뿐, 피해자나 가해자에 대한 내용은 없습니다. 이 규정의 의도는 무엇인가요? 피살자의 시체로부터 가장 가까운 거리에 있는 마을을 대표하는 장로들과 레위 자손 제사장이 중심이 되어 수행하는 이 의식은 기본적으로 그 마을의 누구라도 이 사람의 죽음에 책임이 없음을 공개적으로 증언하는 의식입니다. 사건의 진상이 어떻게 되는지는 당연히 별도로 조사가 이루어질 겁니다. 진상 조사와 더불어 진행되는 이 의식은 사람의 죽음을 매우 심각하게 다루면서 마을 전체를 돌아보게 합니다. 마을 단위로 이런 일이 수행된다는 점은 살인이라는 죄가 그저 살인자 한 사람의 문제가 아니라 살인자가 속한 마을 전체의 문제임을 보여주는 것이기도 합니다.

가에서, 목이 꺾인 암송아지 위에 냇물로 손을 씻고, 7 아래와
같이 증언하십시오.
○ '우리는 이 사람을 죽이지 않았고, 이 사람이 살해되는 현
장을 목격하지도 못하였습니다. 8 주님, 주님께서 속량하여
주신 주님의 백성 이스라엘의 죄를 사하여주시고, 주님의 백
성 이스라엘 사람에게 무죄한 사람을 죽인 살인죄를 지우지
말아 주십시오.'
○ 이렇게 하면, 그들은 살인의 책임을 벗게 됩니다. 9 이렇게
해서 당신들은 당신들에게 지워진 살인의 책임을 벗으십시
오. 이렇게 하는 것은 주님께서 보시기에 옳은 일입니다."

여자 포로를 아내로 맞는 규정

10 ○ "당신들이 적군과 싸울 때에, 주 당신들의 하나님이 적
군을 당신들의 손에 넘겨주셔서 당신들이 그들을 사로잡았을
때에, 11 그 포로들 가운데서 마음에 드는 아리따운 여자가 있
으면 그를 아내로 삼아도 됩니다. 12 그 여자를 아내로 삼을

21장의 여러 규정들은 매우 구체적입니다. 당시의 다른 주변 국가들의 법과 비슷했나요, 아니면 이스라엘만의 독보적인 것인가요? 상황을 파악하기 어려운 피살자, 적군에서 포로로 얻은 여성, 장자의 상속 권리 같은 문제는 이스라엘만의 문제가 아니라 사람 사는 곳이면 어디에서나 발생하는 상황일 것입니다. 그리고 그 경우마다 대처하는 법은 약간의 정도 차이가 있을 뿐 대체로 대동소이합니다. 이스라엘이건 고대 중동의 다른 나라들이건, 법이라면 상식적이고 합리적이어야 하므로 크게 차이 나지는 않았을 것입니다. 신명기의 규정들은 어려운 상황에 놓인 사람들을 위한 인도주의적인 배려를 강조합니다. 상대방의 약한 처지를 결코 이용해서는 안 되며, 기본적으로 누려야 할 권리를 제대로 보장하도록 규정합니다.

남자는 그 여자를 자기 집으로 데리고 가서, 그 머리를 밀고
손톱을 깎고, 13 잡혀올 때에 입었던 포로의 옷을 벗게 하여
야 합니다. 그리고 한 달 동안 집 안에 있으면서, 자기의 부모
를 생각하면서 애곡하게 하여야 합니다. 그런 다음에라야 동
침할 수 있습니다. 이렇게 하여 부부가 됩니다. 14 그 뒤에 그
여자가 더 이상 남편의 마음에 들지 않으면 그 여자의 마음대
로 가게 하여야 하며, 돈을 받고 팔아서는 안 됩니다. 남편이
그 여자를 욕보였으므로, 종으로 팔아서는 안 됩니다."

맏아들의 상속권

15 ○ "어떤 사람에게 두 아내가 있는데, 한 사람은 사랑을 받
고 다른 한 사람은 사랑을 받지 못하다가, 사랑받는 아내와
사랑받지 못하는 아내가 다 같이 아들을 낳았는데, 맏아들이
사랑받지 못하는 아내의 아들일 경우에, 16 남편이 자기의 재
산을 아들에게 물려주는 날에, 사랑받지 못하는 아내에게서
난 맏아들을 제쳐놓고 사랑받는 아내의 아들에게 장자권을

성경 속에 일부다처의 이야기가 많이 나옵니다. 일부다처로 인해 집안 내 다툼이나 상속이 중요한 갈등 요소로 작용합니다. 일부다처는 하나님이 인정한 제도였나요?
결혼에 대한 언급이 최초로 나오는 본문은 구약성경 창세기 2장, 아담과 하와의 결합입니다. 한 사람이 다른 한 사람을 맞아 한 몸이 되는 것, 서로 사랑하며 함께 살아가는 것이 하나님께서 세우신 근본적인 상황입니다. 그러나 결혼은 대개 각 사회의 문화와 풍습에 좌우됩니다. 고대 이스라엘에는 꽤 긴 시간 동안 일부다처제가 존재했고, 이것은 우리 인류의 역사에서도 마찬가지입니다. 성경은 일부일처만이 옳다고 이야기하지는 않고, 시대와 사회에 따른 문화와 풍습을 인정하는 것 같습니다. 그러나 어떤 문화와 풍습 안에서 살아가더라도 부당하고 억울한 일을 좌시해서는 안 된다는 것에 신명기와 성경의 초점이 있습니다.

줄 수는 없습니다. 17 반드시 사랑받지 못하는 아내의 아들을
맏아들로 인정하고, 자기의 모든 재산에서 두 몫을 그에게 주
어야 합니다. 그 아들은 정력의 첫 열매이기 때문에, 맏아들
의 권리가 그에게 있는 것입니다."

불효 자식에게 내리는 벌

18 ○ "어떤 사람에게, 아버지의 말이나 어머니의 말을 전혀 듣
지 않고, 반항만 하며, 고집이 세어서 아무리 타일러도 듣지
않는 아들이 있거든, 19 그 부모는 그 아들을 붙잡아, 그 성읍
의 장로들이 있는 성문 위의 회관으로 데리고 가서, 20 그 성
읍의 장로들에게 '우리의 아들이 반항만 하고, 고집이 세어서
우리의 말을 전혀 듣지 않습니다. 방탕한 데다가 술만 마십니
다' 하고 호소하십시오. 21 그러면 그 성읍의 모든 사람이 그를

말 안 듣는 자식을 돌로 쳐 죽여 일벌백계의 사례로 삼는 것은 너무 과하지 않나요? 무엇을 지키기 위해서 그런 건가요? 만일 자식이 말을 안 듣는다고 부모와 마을 사람이 돌로 쳐 죽였다면, 인류는 진즉에 멸종했을 것입니다. 오늘의 우리 역시 죽어라고 부모님 말씀을 안 듣던 시절이 있지 않습니까? 신명기는 불순종하는 아들이 있다면 마을의 대표자들이 장로들에게 이야기해 권면하게 하고, 그래도 말을 듣지 않으면 온 마을 사람이 돌로 쳐 죽이라고 규정합니다. 과연 마을 사람들이 모여 그 아이를 돌로 칠 수 있었을까요? 왜 이 아들이 이렇게까지 부모의 말과 장로들의 말을 거역하는 사람이 되었을까요? 돌을 들었던 사람들은 "이 아이의 잘못이 아니라 우리 책임이구나, 우리 마을의 책임이구나"라고 깨달을 수밖에 없었을 것이고, 눈물 흘릴 수밖에 없었을 것입니다. 자녀의 잘못은 그 아이의 문제가 아니라 거의 대부분 그 마을, 그 사회의 잘못인 경우가 많습니다. 그래서 신명기의 이 규정은 자녀 교육은 부모만의 책임이 아니라 마을의 공동 책임, 한 사회의 공동 책임임을 "마을 사람들이 돌을 들어 쳐라"라는 말로 표현하고 있다고 여겨집니다.

돌로 쳐서 죽일 것입니다. 이렇게 하여서 당신들 가운데서 악을 뿌리 뽑아야 합니다. 그래야만 온 이스라엘이 그 일을 듣고 두려워할 것입니다."

기타 규정

22 ○ "죽을죄를 지어서 처형된 사람의 주검은 나무에 매달아
두어야 합니다. 23 그러나 당신들은 그 주검을 나무에 매달아
둔 채로 밤을 지내지 말고, 그날로 묻으십시오. 나무에 달린 사람은 하나님께 저주를 받은 사람이기 때문입니다. 당신들은 주 당신들의 하나님이 당신들에게 유산으로 준 땅을 더럽혀서는 안 됩니다.

{ 제22장 }

1 당신들은 길 잃은 이웃의 소나 양을 보거든, 못 본 체하지 말
고, 반드시 끌어다가 그 이웃에게 돌려주어야 합니다. 2 또 당
신들은 그 이웃이 가까이에 있지 않거나, 누구인지 알지 못한
다 해도, 그 짐승을 당신들의 집에 끌어다 두었다가, 그 주인
이 찾을 때에 돌려주어야 합니다. 3 나귀도 그렇게 하고, 옷도
그렇게 하십시오. 그 밖에도 이웃이 잃은 것이 무엇이든지, 당
신들이 발견하거든 그렇게 하고, 못 본 체하지 마십시오.
4 ○ 이웃의 나귀나 소가 길에 쓰러져 있는 것을 보거든, 못
본 체하지 마십시오. 당신들은 반드시 그 이웃을 도와 그것을
일으켜주어야 합니다.
5 ○ 여자는 남자의 옷을 입지 말고, 남자는 여자의 옷을 입지
마십시오. 주 당신들의 하나님은 이렇게 하는 사람을 싫어하
십니다.

길 잃은 소, 양, 나귀, 어미 새 등등 살아 있는 것들을 소중히 여기라는 당부가 각별해 보입니다. 이방 민족을 전멸시켰던 하나님에게는 사람의 목숨보다 짐승의 생명이 더 소중한 것이었나요? 길을 잃은 소나 양을 주인에게 말하지 않고 자신이 슬쩍 가져가는 일은 옛날이나 지금이나 허다할 것인데, 이에 대해 경고하는 신명기 말씀은 사람의 모든 일을 주 하나님께서 지켜보고 계심을 전제합니다. 자신의 유익만을 위해서가 아니라 이렇게 어려움에 처한 이웃과 가축까지도 돌보고 배려하라고 이르시는 하나님이라는 점을 기본으로 두고, 이스라엘이 들어가 살게 될 땅의 이방 민족을 멸하라는 하나님의 명령을 이해해야 합니다. 그럴 때 이방 민족 전멸 명령이 단순히 그들의 땅을 빼앗기 위한 목적이 아니라, 그들이 저지른 죄에 대한 심판, 그리고 그들의 온갖 죄악으로 가득한 땅에 하나님의 명령을 지키며 서로 배려하며 살아가는 하나님 백성 공동체의 새로운 삶의 건설이 목적임을 짐작할 수 있습니다. 이스라엘이 그러한 삶을 살지 않으면, 이스라엘 역시 똑같이 그 땅에서 쫓겨날 것입니다.

6 ○ 당신들은 길을 가다가, 어떤 나무에서나 땅에서 어미 새
가 새끼나 알을 품고 있는 것을 만나거든, 새끼를 품은 어미
를 잡지 마십시오. 7 어미 새는 반드시 날려 보내야 합니다.
그 새끼는 잡아도 됩니다. 그래야만 당신들이 복을 받고 오래
살 것입니다.

8 ○ 당신들은 집을 새로 지을 때에 지붕에 난간을 만들어야 합니다. 그렇게 하면, 사람이 떨어져도 그 살인죄를 당신들 집에 지우지 않을 것입니다.

9 ○ 당신들은 포도나무 사이사이에 다른 씨를 뿌리지 마십시오. 그렇게 하면, 씨를 뿌려서 거둔 곡식도 포도도 성물이 되어 먹지 못합니다.

10 ○ 당신들은 소와 나귀에게 한 멍에를 메워 밭을 갈지 마십시오.

11 ○ 당신들은 양털과 무명실을 함께 섞어서 짠 옷을 입지 마십시오.

5절의 의복, 10절의 소와 나귀, 11절의 양털과 무명실…. 이런 구절에 나오는 금지의 의도는 무엇인가요? 두 종류를 섞지 말라는 취지의 매우 특이한 명령입니다. 이유가 설명되어 있지 않으니 정확히 그 취지를 알기는 어렵습니다. 두 종류를 섞는 일은 더 큰 효율, 더 큰 성과를 얻기 위해서일 겁니다. 사실 우리네 인류는 더 우수하고 뛰어난 결과를 얻기 위해, 신체에 장애가 있는 이들을 배제하거나 인종이 다른 이들을 축출하기도 했습니다. 2차 세계대전 시기 독일의 나치가 장애인과 유대인을 대량으로 학살하고 축출한 것이 그 대표적인 예입니다. 이를 생각하면 두 종류를 섞지 말라는 명령은 그 어떤 존재이건 그 누구이건 능력이나 효율 면에서 평가될 것이 아니라 그 자체로 존귀하고 존엄하다는 것을 가르친다고 볼 수 있습니다. 아울러 한편으로는 하나님을 신뢰한다면서 다른 한편으로는 돈과 재산에 좌우되는 것에 대한 가르침, 즉 "하나님을 두 마음으로 섬기지 말 것"을 가르치는 교훈을 이와 같은 본문에서 생각해볼 수도 있습니다.

12 ○ 당신들은 당신들이 입은 겉옷 자락 네 귀퉁이에 술을
달아야 합니다."

순결에 관한 법

13 ○ "어떤 남자가 여자를 아내로 맞아 동침한 뒤에, 그 여자
가 미워져서 14 '이 여자를 아내로 맞아 가까이 하여보았더니,
처녀가 아니었다' 하고 비방하며, 누명을 씌워 소문을 퍼뜨렸
을 때에, 15 그 여자의 부모는, 그 여자가 처녀임을 증명하는
증거물을 가지고 성문 위의 회관에 있는 그 성읍의 장로들에
게 가십시오. 16 그 여자의 아버지는 장로들에게 이렇게 말해
야 합니다. '내 딸을 이 사람에게 아내로 주었더니, 그가 내 딸
을 미워하며, 17 내 딸이 처녀가 아니었다고 비방하였습니다.
그러나 이것이 내 딸이 처녀임을 증명하는 표입니다.' 그리고
그 성읍의 장로들 앞에 그 자리옷을 펴 보이십시오. 18 그러
면 그 성읍의 장로들은 그 남자를 붙잡아 때린 뒤에, 19 이스
라엘 처녀에게 누명을 씌운 대가로, 그 남자에게서 벌금으로

'성문 위의 회관에 있는 그 성읍의 장로들'(15절)이 가진 권위는 어떤 것이었나요?
'성문 위의 회관'이라고 번역되었지만, 간단히 '성문'이라고 옮길 수 있습니다. 고대 이스라엘의 도시는 성으로 둘러싸여 있고, 여러 개의 성문을 통해 들어갈 수 있었습니다. 성문 주변에는 넓은 광장이 마련되어 있고, 고대에 그곳은 마을의 중요한 모든 일이 벌어지는 일종의 '공적인 장소'였습니다. 그곳에서 시장이 열리기도 하고, 마을의 중요한 회의가 이루어지기도 했으며, 무엇보다도 본문에서처럼 재판이 성문 광장에서 벌어졌습니다. 장로는 그 도시의 나이 든 유지라고 할 수 있습니다. 마을 전체의 인정을 받은 장로들에 의해 오늘날의 민사나 형사재판이 이루어지고 판결이 내려졌습니다. 성문, 장로, 재판 같은 단어들은 고대 이스라엘이 중요한 모든 일들을 이렇게 공개적이며 공정한 재판을 통해 처리했음을 보여줍니다.

은 백 세겔을 받아서, 그 여자의 아버지에게 주십시오. 그 여
자는 계속하여 그의 아내가 되고, 그는 평생 그 여자를 내보
낼 수 없습니다.
20 ○ 그의 주장이 참되어서, 그 여자가 처녀임이 증명되지
않거든, 21 그 여자를 그 아버지의 집 문 앞에 끌어내고, 그
성읍의 사람들은 그 여자를 돌로 쳐서 죽이십시오. 그 여자가
자기 아버지 집에 있을 때에 음행을 하여, 이스라엘 안에서
수치스러운 일을 하였기 때문입니다. 그러므로 당신들은 당
신들 가운데서 이런 악의 뿌리를 뽑아야 합니다.
22 ○ 어떤 남자가 남의 아내와 정을 통하다가 들켰을 때에
는, 정을 통한 남자와 여자를 다 죽여서, 이스라엘에서 이런
악의 뿌리를 뽑아야 합니다.
23 ○ 한 남자와 약혼한 처녀를 다른 남자가 성 안에서 만나
서 정을 통하였을 경우에, 24 두 사람을 다 성문 밖으로 끌어
다 놓고, 돌로 쳐서 죽여야 합니다. 그 처녀는 성 안에 있으면

그 사회에서 악의 뿌리를 뽑기 위해 죄 지은 사람을 돌로 쳐서 죽이는 일이 최고의 형벌처럼 보입니다. 이런 투석형은 실제로 행해졌나요? 사람을 돌로 쳐 죽이는 일은 결코 쉽지 않습니다. 여러 사람이 동원되어 적지 않은 시간 동안 돌을 던져야 가능합니다. 상상만 해도 끔찍하고 참혹한 장면이라는 점은 실제로 그와 같은 처벌이 이루어지기는 쉽지 않았을 것임을 짐작하게 합니다. 특히 돌로 쳐 죽이는 처벌은 언제나 마을 사람 전체가 참여해 이루어진다는 점에서 이 같은 형벌은 특정한 누군가의 잘못에 대해 마을 전체가 함께 참여해 고려해야 한다는 것을 강조합니다. 신약성경에는 어떤 죄 지은 여성을 돌로 쳐 죽이려는 사람들을 향해 예수님께서 "너희 중에 죄 없는 자가 돌로 쳐라"라고 이르시자, 모였던 모든 이들이 돌로 치지 않고 흩어져버리는 장면이 등장합니다(요 8:2-11). 이를 생각하면 돌로 쳐 죽이라는 형벌은 빈번히 시행해 정말 사람을 죽이는 데 목적이 있는 것이 아니라, 한 사람의 잘못에 대해 마을 전체, 공동체 전체가 돌아보고 반성하는 데 목적이 있었다고 여겨집니다.

서도 소리를 지르지 않았기 때문이요, 그 남자는 이웃의 아내
를 범하였기 때문입니다. 그리하여 당신들은 당신들 가운데
서 이런 악의 뿌리를 뽑아야 합니다.
25 ○ 어떤 남자와 약혼한 처녀를 다른 남자가 들에서 만나서
욕을 보였을 때에는, 욕을 보인 그 남자만 죽이십시오. 26 그
처녀에게는 아무 벌도 주지 마십시오. 그 여자에게는 죽일 만
한 죄가 없습니다. 욕을 보인 남자의 경우는, 사람이 이웃을
해치려고 일어나 그 이웃을 살해한 것이나 마찬가지입니다.
27 그 처녀는 들에서 그 남자를 만났으므로, 약혼한 그 처녀
가 소리를 질러도 구하여줄 사람이 없었을 것입니다.
28 ○ 어떤 남자가 약혼하지 않은 처녀에게 욕을 보이다가 두
사람이 다 붙잡혔을 때에는, 29 그 남자는 그 처녀의 아버지
에게 은 오십 세겔을 지불해야 합니다. 그리고 그 여자에게
욕을 보인 대가로 그 여자는 그의 아내가 되고, 그는 평생 동
안 그 여자와 이혼할 수 없습니다.
30 ○ 아무도 자기 아버지의 아내를 취하지 못하며, 어느 누
구도 아버지의 아내와 동침하지 못합니다."

{ 제23장 }

주님의 총회 회원이 될 수 없는 사람들

1 "고환이 터졌거나 음경이 잘린 사람은, 주님의 총회 회원이
되지 못합니다.
2 ○ 사생아도 주님의 총회 회원이 되지 못하고, 그 자손은 십
대에 이르기까지 주님의 총회 회원이 되지 못합니다.
3 ○ 암몬 사람과 모압 사람은 주님의 총회 회원이 되지 못합
니다. 그 자손은 십 대가 아니라, 영원히 주님의 총회 회원이
되지 못합니다. 4 그들은 당신들이 이집트에서 나올 때에, 먹
을 것과 마실 것을 가지고 와서 당신들을 맞아들이기는커녕,
당신들을 저주하려고 브올의 아들 발람에게 뇌물을 주어 메
소포타미아 지방의 브돌에서 그를 불러온 사람들입니다. 5 그
러나 주 당신들의 하나님이 당신들을 사랑하시기 때문에, 주
님께서 발람의 말을 듣지 않으시고, 오히려 그 저주를 복으로
바꾸셨습니다. 6 당신들은 당신들의 평생에 그들이 조금이라

주님의 총회 회원은 무엇이며, 그 회원 자격은 무엇을 의미하나요? 온 이스라엘의 20세 이상 남자들의 모임을 '주님의 총회'라고 부릅니다. 단순히 전체 구성원이 모인 모임이라 표현하지 않고 '주님의 총회'라고 부르는 까닭은 주 하나님과 계약을 맺은 백성들의 모임이며, 하나님의 규례와 법도, 계명을 따라 살아가도록 약속한 백성들의 모임이기 때문입니다. 그래서 주님의 총회에 속한 이들에게 가장 중요한 사항은 하나님 한 분을 예배하고 그분을 경외하며, 그분의 계명을 지키면서 일상의 모든 순간을 살아가는 것입니다. 이런저런 문제가 있는 사람은 총회에 참여할 자격이 없다는 규정의 근본 취지는 특정인을 배제하는 것이 아니라, 그만큼 주님의 총회를 특별하고 중하게 여기며 일상을 올바르게 살아갈 것을 촉구하는 데 있다고 볼 수 있습니다.

도 번영하거나 성공할 틈을 주어서는 안 됩니다.
7 ○ 당신들은 에돔 사람을 미워해서는 안 됩니다. 그들은 당신
들의 친족입니다. 이집트 사람을 미워해서도 안 됩니다. 당신들
이 그들의 땅에서 나그네로 살았기 때문입니다. 8 그들에게서
태어난 삼 대 자손들은 주님의 총회 회원이 될 수 있습니다."

진을 깨끗하게 하는 법

9 ○ "당신들이 진을 치고 적과 맞서고 있는 동안에는, 어떤
악한 일도 스스로 삼가야 합니다. 10 당신들 가운데 누가 밤
에 몽설하여 부정을 탔을 때에, 그 사람은 진 밖으로 나가서
머물러 있어야 합니다. 11 해가 질 무렵에 목욕을 하고, 해가
진 다음에 진으로 들어올 수 있습니다.
12 ○ 당신들은 진 바깥의 한 곳에 변소를 만들어놓고, 그곳
에 갈 때에는, 13 당신들의 연장 가운데서 삽을 가지고 가야
합니다. 용변을 볼 때에는 그것으로 땅을 파고, 돌아설 때에
는 배설물을 덮으십시오. 14 주 당신들의 하나님은 당신들을

진을 깨끗하게 유지해야 하는 사례와 이유들이 나옵니다. 이렇게 상세하게 규정을 정해놓은 의도는 무엇인가요? 진은 이스라엘 열두 지파가 함께 살아가는 공간입니다. 그런데 이스라엘의 하나님께서 그들과 함께 행하시고 그들 가운데 거하십니다(14절). 그렇기에 이스라엘은 자신들이 살아가는 삶의 현장인 진 안을 여러 면에서 깨끗하게 관리해야 합니다. 손님이 찾아와도 집을 정리하고 청소하는 것을 생각하면, 하나님께서 그들 가운데 다니신다니 그 진을 정갈하게 간수하는 것은 당연한 일일 겁니다. 하나님을 믿는다는 것은 예배라는 특정한 순간에만 의미 있는 것이 아니라, 이처럼 거주하는 공간을 비롯해 삶의 모든 순간에 우리와 함께하시는 하나님을 기억하며 그 앞에서 정갈하게 살아가는 일상을 통해 드러납니다.

구원하시고 당신들의 대적들을 당신들에게 넘겨주시려고, 당신들의 진 안을 두루 다니시기 때문에, 당신들의 진은 깨끗하게 유지되어야 합니다. 주님께서 당신들 가운데로 다니시다가 더러운 것을 보시면 당신들에게서 떠나시고 말 것이니, 그런 일이 일어나지 않도록 당신들의 진을 성결하게 하십시오."

기타 규정

15 ○ "어떤 종이 그의 주인을 피하여 당신들에게로 도망하여오
거든, 당신들은 그를 주인에게 돌려보내서는 안 됩니다. 16 성
안에서 그가 좋아하는 곳을 택하게 하여, 당신들과 함께 당신
들 가운데서 살게 하여주고, 그를 압제하지 않도록 하십시오.
17 ○ 이스라엘의 딸은 창녀가 될 수 없습니다. 또 이스라엘의
아들들도 남창이 될 수 없습니다. 18 창녀가 번 돈이나 남창
이 번 돈은, 주 당신들의 하나님의 성전에 서원을 갚는 헌금
으로 드릴 수 없습니다. 이 두 가지가 다 주 당신들의 하나님
이 미워하시는 것입니다.

이런 생활 밀착형 규정들을 지금도 지켜야 하나요? 가령 주인을 피해 도망친 종을 안전하게 보호하고 살 수 있게 하라는 규정은 종이라는 사회제도가 사라진 오늘은 지킬 수 없을 것입니다. 다만 가난하고 어려운 처지에 놓인 이들을 결코 함부로 대하지 말고 그 누구라도 안전하고 인간답게 살 수 있도록 하라는 취지는 과거에나 오늘에나 변하지 않고 지켜져야 할 것입니다. 신명기는 지금으로부터 최소 2천 년 전 고대의 사회와 문화를 배경으로 표현된 규례 모음이기에, 시대가 변하고 사회의 문화가 바뀌면서 해당되지 않는 사항이 많을 것입니다. 글자 그대로 고대사회의 규정을 지키는 것은 전혀 타당하지 않습니다. 그러나 고대사회에서 각 규정이 의도하고 의미했던 것이 무엇인지 진지하게 고려해, 그것을 오늘의 현실에서 어떻게 표현하고 실천할지 고민하는 것은 반드시 필요한 일입니다.

19 ○ 당신들은 동족에게 꾸어주었거든 이자는 받지 마십시
오. 돈이든지 곡식이든지, 이자가 나올 수 있는 어떤 것이라도
이자를 받아서는 안 됩니다. 20 외국 사람에게는 꾸어주고서
이자를 받아도 좋습니다. 그러나 동족에게서는 이자를 받지
못합니다. 그래야만 당신들이 들어가 차지할 땅에서 당신들이
하는 모든 일에, 주 당신들의 하나님이 복을 주실 것입니다.
21 ○ 주 당신들의 하나님께 맹세하여서 서원한 것은 미루지
말고 지켜야 합니다. 주 당신들의 하나님은 반드시 그것을 당
신들에게 요구하실 것입니다. 그러니 미루는 것은 당신들에
게 죄가 됩니다. 22 맹세하지 않은 것은 당신들에게 죄가 되
지 않습니다. 23 그러나 한 번 당신들의 입으로 맹세한 것은
반드시 지켜야 합니다. 당신들이 주 당신들의 하나님께 입으
로 스스로 약속한 것은 서원한 대로 하여야 합니다.
24 ○ 당신들이 이웃 사람의 포도원에 들어가서 먹을 만큼 실
컷 따 먹는 것은 괜찮지만, 그릇에 담아가면 안 됩니다.
25 ○ 당신들이 이웃 사람의 곡식밭에 들어가 이삭을 손으로
잘라서 먹는 것은 괜찮지만, 이웃의 곡식에 낫을 대면 안 됩
니다."

{ 제24장 }

이혼과 재혼

1 "남녀가 결혼을 하고 난 다음에, 남편이 아내에게서 수치스
러운 일을 발견하여 아내와 같이 살 마음이 없을 때에는, 아
내에게 이혼증서를 써주고, 그 여자를 자기 집에서 내보낼 수
있습니다. 2 그 여자가 그의 집을 떠나가서 다른 남자의 아내
가 되었는데, 3 그 둘째 남편도 그 여자를 싫어하여 이혼증서
를 써주고 그 여자를 자기 집에서 내보냈거나, 그 여자와 결
혼한 둘째 남편이 죽었을 경우에는, 4 그 여자가 이미 몸을 더
럽혔으므로, 그를 내보낸 첫 번째 남편은 그를 다시 아내로
맞아들일 수 없습니다. 이런 일은 주님 앞에서 역겨운 일입니
다. 당신들은 주 당신들의 하나님이 당신들에게 유산으로 주
신 땅을 죄로 물들게 해서는 안 됩니다."

남편과 아내의 관계 문제가 어떤 맥락에서 땅을 죄로 물들이는 것으로 연결되는 건가요? 고대 이스라엘은 땅 위에서 살아가는 사람들이 저지른 죄악은 그 땅을 더럽히는 짓이며, 땅이 더러워지면 땅이 사람을 내뱉는다고 생각했습니다. 하나님께서 가나안 땅에 살던 원주민을 몰아내고 이스라엘 백성으로 그 땅에 살게 하신 근본적인 이유는 그 땅 위에서 그들이 저지른 죄악 때문입니다. 그렇다면 하나님께서 이스라엘에게 그 땅을 주신다 하더라도 이스라엘이 이전의 원주민들과 다른 삶을 살지 않는다면, 하나님께서 원주민을 몰아내고 이스라엘에게 땅을 주실 근거가 사라지게 됩니다. 손쉽게 헤어지고 아내를 내보내고서 나중에 후회해 다시 데려오는 행위는 아내를 함부로 대하는 짓입니다. 사람을 함부로 다룬다면, 이스라엘은 그 땅에서 살 자격이 없습니다.

기타 규정

5 ○ "아내를 맞은 새신랑을 군대에 내보내서는 안 되고, 어
떤 의무도 그에게 지워서는 안 됩니다. 그는 한 해 동안 자유
롭게 집에 있으면서, 결혼한 아내를 기쁘게 해주어야 합니다.
6 ○ 맷돌은, 전부나 그 위짝 하나라도, 저당을 잡을 수 없습
니다. 이것은 사람의 생명을 저당 잡는 것과 마찬가지이기 때
문입니다.
7 ○ 어떤 사람이 같은 겨레인 이스라엘 사람을 유괴하여 노
예로 부리거나 판 것이 드러나거든, 그 유괴한 사람은 죽여야
합니다. 당신들은 당신들 가운데서 그러한 악의 뿌리를 뽑아
야 합니다.
8 ○ 악성 피부병에 걸린 사람에 대하여는, 레위 사람 제사장
들이 당신들에게 가르쳐주는 대로, 모든 것을 철저히 지켜야
합니다. 내가 그들에게 명령한 대로 지키십시오. 9 당신들이
이집트에서 나오던 길에, 주 당신들의 하나님이 미리암에게
하신 일을 기억하십시오.
10 ○ 당신들은 이웃에게 무엇을 꾸어줄 때에, 담보물을 잡으

이집트에서 나오던 길에 하나님이 미리암에게 하신 일(9절)은 무엇을 말하는 건가요? 구약성경 민수기 12장 10–15절에 실린 사건을 가리킵니다. 모세의 행동을 비방한 미리암과 아론에게 하나님께서는 다른 사람에겐 꿈이나 환상으로 하나님의 뜻을 알리시지만, 모세와는 얼굴과 얼굴을 마주 대하는 관계라고 이르셨습니다. 이 사건으로 하나님께서 진노하셔서 미리암은 악성 피부병에 걸렸습니다. 모세가 미리암을 위해 기도하자, 하나님께서는 미리암이 일주일 동안 진 밖에 있다가 돌아오게 하셨습니다. 바로 나은 경우라 할지라도 일주일을 진 밖에 머물러야 할 만큼 악성 피부병은 주의 깊게 다루어져야 한다는 점을 신명기는 미리암의 예로 설명합니다.

려고 그의 집에 들어가지 마십시오. 11 당신들은 바깥에 서 있
고, 당신들에게서 꾸는 이웃이 담보물을 가지고 당신들에게로
나아오게 하십시오. 12 그 사람이 가난한 사람이면, 당신들은
그의 담보물을 당신들의 집에 잡아둔 채 잠자리에 들면 안 됩
니다. 13 해가 질 무렵에는 그 담보물을 반드시 그에게 되돌려
주어야 합니다. 그래야만 그가 담보로 잡혔던 그 겉옷을 덮고
잠자리에 들 것이며, 당신들에게 복을 빌어줄 것입니다. 이렇
게 하는 것이 주 당신들의 하나님이 보시기에 옳은 일입니다.
14 ○ 같은 겨레 가운데서나 당신들 땅 성문 안에 사는 외국 사
람 가운데서, 가난하여 품팔이하는 사람을 억울하게 해서는 안
됩니다. 15 그날 품삯은 그날로 주되, 해가 지기 전에 주어야 합
니다. 그는 가난한 사람이기 때문에 그날 품삯을 그날 받아야
살아갈 수 있습니다. 그가 그날 품삯을 못 받아, 당신들을 원망
하면서 주님께 호소하면, 당신들에게 죄가 돌아갈 것입니다.
16 ○ 자식이 지은 죄 때문에 부모를 죽일 수 없고, 부모의 죄
때문에 자식을 죽일 수 없습니다. 사람은 저마다 자기가 지은

행복과 생존을 위한 최소한의 장치를 보장하는 규정들이 이어집니다. 거기에 이집트에서 종살이하던 시절을 기억하라고 하는 이유는 무엇인가요? 누구나 과거의 어려웠던 시절을 끄집어낼 때는 다른 이들에게 현재의 영광을 자랑하기 위해서인 경우가 많습니다. 반대로 과거의 힘들었던 시절을 숨기기도 합니다. 그러나 하나님께서는 이스라엘에게 이집트에서 외국인으로 살며 종살이했던 것을 늘 기억하라고 이르십니다. 자신들의 어려웠던 시절을 생각하며 젊은 세대를 향해 "나 때는 말이야"를 말하는 것이 아니라, 현재 그들 곁에 있는 어려운 이웃, 이스라엘 땅의 외국인, 고아, 과부를 향한 배려와 사랑을 잊지 말라는 것이 하나님의 뜻입니다. 외국인이었고 종이었던 자신들이 하나님의 은혜로 여기까지 왔으니, 이스라엘 역시 자기 땅에 사는 외국인 노동자들, 권리를 누리기 어려운 고아와 과부가 다른 사람들과 동등한 권리와 혜택을 누리도록 하는 것이 마땅합니다.

죄 때문에만 죽임을 당할 것입니다.
17 ○ 외국 사람과 고아의 소송을 맡아 억울하게 재판해서는
안 됩니다. 과부의 옷을 저당 잡아서는 안 됩니다. 18 당신들
은 이집트에서 종살이하던 것과 주 당신들의 하나님이 당신
들을 거기에서 속량하여주신 것을 기억하십시오. 내가 당신
들에게 이런 명령을 하는 까닭도 바로 여기에 있습니다.
19 ○ 당신들이 밭에서 곡식을 거둘 때에, 곡식 한 묶음을 잊
어버리고 왔거든, 그것을 가지러 되돌아가지 마십시오. 그것
은 외국 사람과 고아와 과부에게 돌아갈 몫입니다. 그래야만
주 당신들의 하나님이 당신들이 하는 모든 일에 복을 내려주
실 것입니다. 20 당신들은 올리브나무 열매를 딴 뒤에 그 가
지를 다시 살피지 마십시오. 그 남은 것은 외국 사람과 고아
와 과부의 것입니다. 21 당신들은 포도를 딸 때에도 따고 난
뒤에 남은 것을 다시 따지 마십시오. 그 남은 것은 외국 사람
과 고아와 과부의 것입니다. 22 당신들은 이집트 땅에서 종살
이하던 때를 기억하십시오. 내가 당신들에게 이런 명령을 하
는 까닭도 바로 여기에 있습니다.

{ 제25장 }

1 사람들 사이에 분쟁이 생겨서, 그들이 법정에 서게 되면, 재판
장은 그들을 재판하여, 옳은 사람에게는 무죄를, 잘못한 사람
에게는 유죄를 선고해야 합니다. 2 유죄를 선고받은 사람이 매
를 맞을 사람이면, 재판관은 그를 자기 앞에 엎드리게 하고, 죄
의 정도에 따라 매를 때리게 해야 합니다. 3 그러나 매를 마흔
대가 넘도록 때려서는 안 됩니다. 마흔이 넘도록 때려서, 당신
들의 겨레가 당신들 앞에서 천히 여김을 받아서는 안 됩니다.
4 ○ 곡식을 밟으면서 타작하는 소의 입에 망을 씌우지 마십시오."

죽은 형제에 대한 의무

5 ○ "형제들이 함께 살다가, 그 가운데 한 사람이 아들이 없
이 죽었을 때에, 그 죽은 사람의 아내는 딴 집안의 남자와 결
혼하지 못합니다. 남편의 형제 한 사람이 그 여자에게 가서,
그 여자를 아내로 맞아, 그의 남편의 형제 된 의무를 다해야
합니다. 6 그래서 그 여자가 낳은 첫아들은 죽은 형제의 이

고대 이스라엘의 재판에서 범죄자를 죽이는 것 외에 처벌은 태형밖에 없었나요? 태형의 의미가 궁금합니다. 고대에 흔히 볼 수 있는 형벌은 채찍이나 막대기로 매를 맞는 일이었습니다. 재판관이 범죄의 정도에 따라 매의 대수를 정했습니다. 신명기에서는 40대가 한계지만, 고대 중동에는 이보다 더 많이 때리는 형벌도 존재합니다. 바울은 자신이 마흔에서 한 대를 줄인 매를 5번이나 맞았다고 증언합니다(고후 11:24). 매 40대는 사람이 감당할 수 있는 최대치이고, 그 이상으로 때리면 감당할 수 없어서 사람들 앞에서 지나치게 수치스러운 모습을 보이게 된다고 여겼습니다. 잘못에 대해 처벌하면서도 인도주의적인 배려가 배어 있다고 볼 수 있습니다.

름을 이어받게 하여, 이스라엘 가운데서 그 이름이 끊어지지
않게 해야 합니다. 7 그 남자가 자기 형제의 아내와 결혼하
는 것을 기뻐하지 않을 경우에, 홀로 남은 그 형제의 아내는
성문 위의 회관에 있는 장로들에게 가서 '남편의 형제가 자기
형제의 이름을 이스라엘 가운데서 잇기를 바라지 않으며, 남
편의 형제의 의무도 나에게 하지 않고 있습니다' 하고 호소해
야 합니다. 8 그러면 그 성읍의 장로들이 그를 불러다가 권면
하십시오. 그래도 듣지 않고, 그 여자와 결혼할 마음이 없다고
하면, 9 홀로 남은 그 형제의 아내가, 장로들이 보는 앞에서
그에게 나아가서, 그의 발에서 신을 벗기고, 그의 얼굴에 침을
뱉으면서 말하기를 '제 형제의 가문 세우기를 원하지 않는 사
람은 이렇게 된다' 하십시오. 10 그다음부터는 이스라엘 가운
데서 그의 이름이 '신 벗긴 자의 집안'이라고 불릴 것입니다."

다른 법

11 ○ "두 남자가 싸울 때에, 한쪽 남자의 아내가 얻어맞는 남

당시에 여성은 가문을 잇는 존재라는 의미가 전부였던 것처럼 보입니다. "신을 벗긴다"는 행위는 무엇을 뜻하나요? 남편의 땅은 그의 아들이나 딸에게 상속되기에, 자식 없이 남편이 죽을 경우 홀로 남겨진 아내는 그야말로 살 길이 막막했을 것입니다. 그래서 신명기 율법은 남은 형제 가운데 이 여인을 아내로 맞아 자식을 낳아서 죽은 형제의 땅이 이어지게 할 것을 규정합니다. 오늘날과는 문화가 완전히 달라 이해하기 어렵지만, 근본적인 취지는 홀로 남은 여성의 삶이 곤경에 처하지 않도록 죽은 남편의 가족이 든든히 지켜내는 것에 있습니다. 신발을 신고 땅을 디디고 선다는 점에서 '신을 벗긴 자'는 자신이 서야 할 곳에 서지 않는 것, 즉 자신의 마땅한 의무를 이행하지 않는 자를 가리킨다고 볼 수 있습니다.

편을 도울 생각으로 가까이 가서, 손을 내밀어 상대방의 음낭
을 잡거든, 12 당신들은 그 여인의 손을 자르십시오. 조금도
동정심을 가지지 마십시오.
13 ○ 당신들은 주머니에 크고 작은 다른 저울추를 두 개 가지
고 있어서는 안 됩니다. 14 당신들의 집에 크고 작은 다른 되
가 두 개 있어서도 안 됩니다. 15 당신들은 바르고 확실한 저울
추와 바르고 확실한 되를 사용하십시오. 그러면 주 당신들의
하나님이 주시는 땅에서 당신들이 오래 살 것입니다. 16 틀리
는 추와 되를 가지고 속임수를 쓰는 사람은, 누구든지 주 당
신들의 하나님이 싫어하십니다."

아말렉 사람을 치라는 명령

17 ○ "당신들이 이집트에서 나오던 길에, 아말렉 사람이 당
신들에게 한 일을 기억하십시오. 18 그들은 당신들이 피곤하
고 지쳤을 때에, 길에서 당신들을 만나, 당신들 뒤에 처진 사

아말렉과 이스라엘은 그렇게 철천지원수가 되었나요? 하나님의 명령에 따라 아말렉은 끝내 사라진 민족이 되었나요? 아말렉이 이집트를 탈출해서 광야 길을 걷는 이스라엘을 습격한 사건은 구약성경 출애굽기 17장 8–16절에 실려 있습니다. 신명기 본문은 아말렉이 피곤하고 지친 이스라엘을 공격했을 뿐 아니라, 그것도 행렬 뒤에 처진 사람들을 모조리 쳐 죽였다고 고발합니다. 신명기와 구약성경은 약자에 대한 관심이 지대합니다. 이스라엘 역시 이집트에서 외국인이요, 종이었으니까요. 그래서 이집트를 떠나느라 지친 이스라엘을 공격하면서 특히 뒤에 처진 이들, 아마도 노약자나 아픈 사람이었을 무리를 잔인하게 짓밟은 아말렉의 행위는 지극히 악합니다. 여기서 아말렉은 단순히 이민족이 아니라, 상대의 곤경을 자신의 이익을 취하는 기회로 삼아 약자를 유린하며 짓밟는 세력을 상징한다고 할 수 있습니다. 아말렉에 대한 진멸 전쟁은 구약성경 사무엘기상 15장과 30장에서도 볼 수 있습니다.

람들을 모조리 쳐 죽였습니다. 그들은 하나님을 두려워할 줄
모르는 자들입니다. 19 주 당신들의 하나님이 유산으로 주셔
서 당신들로 차지하게 하시는 땅에서, 주 당신들의 하나님이
당신들 사방의 적들을 물리치셔서 당신들로 안식을 누리게
하실 때에, 당신들은 하늘 아래에서 아말렉 사람을 흔적도 없
이 없애버려야 합니다. 이것을 잊지 말아야 합니다."

{ 제26장 }

햇곡식 예물

1 "주 당신들의 하나님이 당신들에게 유산으로 주시는 그 땅
에 당신들이 들어가서 그것을 차지하고 살 때에, 2 당신들은
주 당신들의 하나님이 당신들에게 주시는 땅에서 거둔 모든
농산물의 첫 열매를 광주리에 담아서, 주 당신들의 하나님이
자기의 이름을 두려고 택하신 곳으로 가지고 가십시오. 3 거
기에서 당신들은 직무를 맡고 있는 제사장에게 가서 '주님께
서 우리 조상에게 주시겠다고 맹세하신 대로, 내가 이 땅에
들어오게 되었음을, 제사장께서 섬기시는 주 하나님께 오늘
아뢰니다' 하고 보고를 하십시오.
4 ○ 제사장이 당신들의 손에서 그 광주리를 받아 주 당신들
의 하나님의 제단 앞에 놓으면, 5 당신들은 주 당신들의 하나
님 앞에서 다음과 같이 아뢰십시오.

농산물의 첫 열매를 하나님의 제단에 두는 장면에서 서양의 명절 추수감사절이 떠오릅니다. 추수감사절의 유래가 여기서 시작된 건가요? 추수한 곡식의 첫 열매를 하나님께서 택하신 곳에 가서 드리는 예식은 기본적으로 칠칠절 혹은 맥추절이라 불리는 절기에 거행됩니다. 초막절 역시 신명기 16장 13–15절에 따르면 포도 수확에 이르기까지 모든 수확을 마치고 저장한 다음 지키는 절기인지라 이 역시 추수 감사와 연관됩니다. 그러나 26장 본문은 추수 감사에 더해 하나님께서 이집트에 내려가서 학대당하던 조상들을 구원하셔서 젖과 꿀이 흐르는 땅까지 인도하신 것을 기억하고 감사하라고 말합니다. 한 해 농사에 대한 감사만이 아니라 지금까지 역사 속에서 그들을 이끄신 하나님께 감사하는 의식이므로 오늘의 추수감사절보다 더 깊고 큰 의미를 지닌다고 할 수 있습니다. 굳이 비교하자면 광복절과 추수 감사가 결합되었다고 할 수 있을 겁니다.

○ '내 조상은 떠돌아다니면서 사는 아람 사람으로서 몇 안 되
는 사람을 거느리고 이집트로 내려가서, 거기에서 몸 붙여 살면
서, 거기에서 번성하여, 크고 강대한 민족이 되었습니다. 6 그
러자 이집트 사람이 우리를 학대하며 괴롭게 하며, 우리에게
강제 노동을 시켰습니다. 7 그래서 우리가 주 우리 조상의 하
나님께 살려달라고 부르짖었더니, 주님께서 우리의 울부짖음
을 들으시고, 우리가 비참하게 사는 것과 고역에 시달리는 것
과 억압에 짓눌려 있는 것을 보시고, 8 강한 손과 편 팔과 큰
위엄과 이적과 기사로, 우리를 이집트에서 인도하여내셨습니
다. 9 주님께서 우리를 이곳으로 인도하셔서, 이 땅 곧 젖과
꿀이 흐르는 땅을 우리에게 주셨습니다. 10 주님, 주님께서
내게 주신 땅의 첫 열매를 내가 여기에 가져왔습니다.'
○ 그리고 당신들은 그것을 주 당신들의 하나님 앞에 놓고,
주 당신들의 하나님께 경배드리고, 11 레위 사람과, 당신들 가
운데서 사는 외국 사람과 함께, 주 당신들의 하나님이 당신들
과 당신들의 집안에 주신 온갖 좋은 것들을 누리십시오.
12 ○ 세 해마다 십일조를 드리는 해가 되면, 당신들은 당신

이스라엘이 이집트를 탈출한 과정을 복기합니다. 이 사건은 그들에게 가장 중요한 사건이었나요? 신명기 26장 5-9절은 이스라엘의 과거 역사를 가장 짧고 간결하게 담아낸 신앙고백문입니다. 사실 구약성경 창세기부터 여호수아기까지 6권의 책에 실린 내용은 본문 5-9절로 요약될 수 있습니다. 추수에 대한 감사는 어느 시대 어느 문화에나 있을 법한 일이지만, 고대 이스라엘은 자신들이 어떻게 여기까지 이르게 되었는지에 대해 역사 속에서의 사건으로 고백했습니다. 이스라엘의 하나님은 사람의 마음과 생각에만 임하시는 분이 아니라, 이처럼 구체적인 역사 현실 속에서 학대당하고 신음하는 노예들을 건지고 해방시켜 좋은 땅으로 인도해 들이시는 하나님, 역사를 주관하시는 하나님입니다.

들의 모든 소출에서 열의 하나를 따로 떼어서, 그것을 레위
사람과 외국 사람과 고아와 과부에게 나누어주고, 그들이 당
신들이 사는 성 안에서 마음껏 먹게 하십시오. 13 그렇게 할
때에 당신들은 하나님께 이렇게 아뢰십시오.
○ '우리는 주님께서 우리에게 명하신 대로, 우리 집에서 성
물을 내어 레위 사람과 외국 사람과 고아와 과부에게 다 나누
어주어서, 주님의 명령을 잊지 않고 어김없이 다 실행하였습
니다. 14 우리는 애곡하는 날에, 이 거룩한 열의 한 몫을 먹지
않았고, 부정한 몸으로 그것을 떼놓지도 않고, 죽은 자에게
그것을 제물로 바친 적도 없습니다. 우리는 주 우리의 하나님
께 순종하여서, 십일조에 관하여 명령하신 것을 그대로 다 지
켰습니다. 15 주님의 거룩한 처소 하늘에서 굽어살피시고, 주
님의 백성 이스라엘에게 복을 주시며, 주님께서 우리의 조상
에게 약속하신 대로, 우리에게 주신 땅 곧 젖과 꿀이 흐르는
땅에 복을 내려주십시오.'"

하나님이 지키라고 한 규례와 법도를 다 지키고 순종하면 하나님의 거룩한 백성이 되게 할 것이라고 말합니다. 하나님의 백성이 되는 조건이 너무 높고 까다롭네요. 그냥 양심을 지키며 자유롭게 살면 안 될까요? 신명기 12장부터 26장까지를 '신명기 법전'이라고 부릅니다. 이 안에 많은 규례가 있지만, 결국 26장 5-9절에서 고백하듯 이집트의 종이었던 이들을 구원해 자유하게 하신 하나님에 대한 감사와 신뢰에 합당한 삶의 구체적 내용이 이 법전입니다. 하나님께서 자유하게 하셨으니 그 자유를 지키고 간직하며 실천하기 위한 내용이 이 법전입니다. 그렇기에 '양심'의 소리를 따라 살아가는 것과도 그리 다르지 않을 것입니다. 각자의 양심이 충돌될 때가 있으니, 이 같은 규례와 법도는 일종의 기준이 될 수 있습니다. 외국인, 고아, 과부와 같은 약자 보호를 기본 원칙으로 하는 법이기에 이 규례를 지키는 것은 번거로운 일이 아니라, 이스라엘을 누구든 안전하고 평화롭게 살아갈 수 있는 세상으로 만드는 일입니다.

하나님의 백성

16 ○ "오늘 주 당신들의 하나님이 이 규례와 법도를 지키라
고 당신들에게 명령하시니, 당신들은 마음을 다하고 목숨을
다하여 이 모든 계명을 지키십시오. 17 오늘 당신들은 당신들
의 주님을 하나님으로 모시고, 그의 길을 따르며, 그의 규례
와 명령과 법도를 지키며, 그에게 순종하겠다고 약속하였습
니다. 18 주님께서 당신들에게 약속하신 대로, 오늘 당신들을
주님의 소중한 백성으로 받아들이고, 그의 모든 명령을 다 지
켜야 한다고 선언하셨습니다. 19 주님께서는, 그가 지으신 모
든 백성보다 당신들을 더욱 높이셔서, 당신들이 칭찬을 받고
명예와 영광을 얻게 하시고, 또 말씀하신 대로, 당신들을 주
당신들의 하나님의 거룩한 백성이 되게 하실 것입니다."

{ 제27장 }

돌에 새긴 율법

1 모세는 이스라엘 장로들과 함께, 백성에게 명령하였다. "오
늘 내가 당신들에게 하는 모든 명령을, 당신들은 지켜야 합니
다. 2 당신들이 요단강을 건너가서, 주 당신들의 하나님이 당
신들에게 주시는 땅에 들어가는 날이 오거든, 큰 돌들을 세우
고 석회를 바르십시오. 3 주 당신들 조상의 하나님이 말씀하
신 대로, 주 당신들의 하나님이 당신들에게 주시는 땅 곧 젖
과 꿀이 흐르는 땅에 들어가면, 이 모든 율법의 말씀을 그 돌
들 위에 기록하십시오. 4 당신들이 요단강을 건너거든, 내가
오늘 당신들에게 명한 대로, 이 돌들을 에발산에 세우고, 그
위에 석회를 바르십시오. 5 또 거기에서 주 당신들의 하나님
께 드리는 제단을 만들되, 쇠 연장으로 다듬지 않은 자연석으
로 제단을 만드십시오. 6 당신들은 다듬지 않은 자연석으로

큰 돌로 제단을 만들고 거기에 율법을 기록하는 것은 어떤 의미를 갖나요? 하나님께서 약속하신 대로 마침내 요단강 건너의 땅에 이르렀을 때 이스라엘은 에발산으로 나아가 큰 돌들을 세우고 그 위에 석회를 바른 뒤 하나님께서 명하신 율법 말씀을 기록합니다. 석회를 바르는 것은 그 위에 새길 글이 또렷이 보이게 하려는 목적일 것입니다. 아울러 또 다른 돌로 제단을 만들어 그 위에서 번제와 화목제를 드리고 백성들이 함께 즐거워해야 합니다. 요단강을 건넌 이후에 행하는 이 의식은 이제까지 인도하신 하나님을 기억하고 감사하며 즐거워하는 의식이면서, 언제나 하나님께서 명하신 율법을 잊지 않고 기억하며 순종하겠다는 공동체적인 결단과 다짐의 의식입니다. 돌을 세우고 그 위에 새겨서 후손 대대로 이를 볼 때마다 잊지 않겠다는 의미도 포함되었을 것입니다.

주 당신들의 하나님의 제단을 만들고, 그 위에 번제물을 올려
주 당신들의 하나님께 드려야 합니다. 7 또 화목제를 드리고
거기에서 먹으며, 주 당신들의 하나님 앞에서 즐거워하십시
오. 8 당신들은 이 돌들 위에 이 모든 율법의 말씀을 분명하게
기록하십시오."
9 ○ 모세와 레위 사람 제사장들이 온 이스라엘 백성에게 선
포하였다. "이스라엘 자손 여러분, 우리가 하는 말에 귀를 기
울이십시오. 오늘 당신들은 주 당신들의 하나님의 백성이 되
었습니다. 10 그러므로 당신들은 주 당신들의 하나님께 순종
하고, 오늘 우리가 당신들에게 명한 그의 명령과 규례를 지키
십시오."

에발산에서 선포한 저주

11 ○ 그때에 모세가 백성에게 명령하였다.
12 ○ "당신들이 요단강을 건넌 뒤에, 백성에게 축복을 선포
하려고 그리심산에 설 지파들은 시므온과 레위와 유다와 잇

그리심산과 에발산으로, 그리고 축복과 저주를 선포하는 지파로 나눈 데는 어떤 이유가 있나요? 야곱의 열두 아들은 훗날 이스라엘 열두 지파를 대표하는 이름이 되었습니다. 레아에게서 르우벤, 시므온, 레위, 유다, 잇사갈, 스불론이 태어났고, 라헬의 시녀 빌하에게서 단과 납달리가, 레아의 시녀 실바에게서 갓과 아셀이 태어났습니다. 마지막으로 라헬에게서 요셉과 베냐민이 태어났습니다. 이 조상들의 이름을 따른 후손 열두 지파는 마침내 가나안 땅에 들어가는 날, 각각 여섯씩 에발산과 그리심산에 올라 축복과 저주를 선포합니다. 축복의 말씀을 따르지 않을 경우 저주를 받을 것이고, 저주의 말씀을 듣고 유의할 경우 축복을 받을 것이기에, 어느 지파가 축복을 말하고 어느 지파가 저주를 말하는지는 전혀 중요하지 않았을 겁니다. 중요한 것은 이스라엘 열두 지파가 모두 함께 참여했다는 것입니다.

사갈과 요셉과 베냐민 지파입니다. 13 그리고 저주를 선포하
려고 에발산에 설 지파들은 르우벤과 갓과 아셀과 스불론과
단과 납달리 지파입니다. 14 그리고 레위 사람들은 큰 소리로
온 이스라엘 모든 백성에게 다음과 같이 외치십시오.
15 ○ '대장장이를 시켜서, 주님께서 역겨워하시는 우상을 새
기거나 부어 만들어서, 그것을 은밀한 곳에 숨겨놓는 자는 저
주를 받는다' 하면, 모든 백성은 '아멘' 하고 응답하십시오.
16 ○ '아버지와 어머니를 업신여기는 자는 저주를 받는다' 하
면, 모든 백성은 '아멘' 하십시오.
17 ○ '이웃의 땅 경계석을 옮기는 자는 저주를 받는다' 하면,
모든 백성은 '아멘' 하십시오.
18 ○ '눈이 먼 사람에게 길을 잘못 인도하는 자는 저주를 받
는다' 하면, 모든 백성은 '아멘' 하십시오.
19 ○ '외국 사람과 고아와 과부의 재판을 공정하게 하지 않는

저주를 선포하고 거기에 "아멘" 하는 장면이 매우 낯섭니다. 축복이 아닌 저주를 이렇게까지 하는 의도는 무엇인가요? 신명기 27장 11–26절에 저주에 관한 말씀이 있고, 이어지는 28장 1–14절에는 축복에 관한 말씀, 28장 15–68절에는 다시 저주에 관한 말씀이 나옵니다. 특히 27장 11–26절의 저주 말씀은 하나님의 백성 이스라엘의 가장 기본적인 질서를 보여줍니다. 그들은 무엇보다도 하나님의 백성이기에 우상을 세워서는 안 되며, 부모 공경은 하나님을 경외하는 것과 비슷하게 중요한 일입니다. 가난하고 약한 이웃을 결코 함부로 다루거나 억압하지 말라는 것을 다루는 3개의 저주, 그리고 하나님께서 정한 질서를 깨뜨리면서 자신의 성적인 욕심을 채우지 말라는 것과 연관된 4개의 저주가 이어집니다. 자신의 이익을 위해 이웃을 짓밟지 말 것에 대한 내용으로 다시 2개의 저주가 이어지고, 마지막으로 이 율법의 말씀을 실행하지 않는 자에게 선포되는 저주가 나옵니다. 결국 이 저주들은 하나님과 이웃이라는 두 축을 중심으로 하나님의 백성 이스라엘이 준수하고 유의해야 할 경계와 질서를 부각시킵니다.

자는 저주를 받는다' 하면, 모든 백성은 '아멘' 하십시오.
20 ○ '아버지의 아내와 동침하는 것은 그 아버지의 침상을
모독하는 것이니, 그런 자는 저주를 받는다' 하면, 모든 백성
은 '아멘' 하십시오.
21 ○ '짐승과 교접하는 자는 저주를 받는다' 하면, 모든 백성
은 '아멘' 하십시오.
22 ○ '자매, 곧 아버지의 딸이나 어머니의 딸과 동침하는 자
는 저주를 받는다' 하면, 모든 백성은 '아멘' 하십시오.
23 ○ '장모와 동침하는 자는 저주를 받는다' 하면, 모든 백성
은 '아멘' 하십시오.
24 ○ '이웃을 암살하는 자는 저주를 받는다' 하면, 모든 백성
은 '아멘' 하십시오.
25 ○ '뇌물을 받고 죄 없는 사람을 죽이는 자는 저주를 받는
다' 하면, 모든 백성은 '아멘' 하십시오.
26 ○ '이 율법 가운데 하나라도 실행하지 않는 자는 저주를
받는다' 하면, 모든 백성은 '아멘' 하십시오."

{ 제28장 }

순종하여 받는 복(레 26:3-13; 신 7:12-24)

1 "당신들이 주 당신들의 하나님의 말씀을 귀담아듣고, 내가 오
늘 당신들에게 명한 그 모든 명령을 주의 깊게 지키면, 주 당신
들의 하나님이 당신들을 세상의 모든 민족 위에 뛰어나게 하실
것입니다. 2 당신들이 주 당신들의 하나님의 말씀에 순종하면,
이 모든 복이 당신들에게 찾아와서 당신들을 따를 것입니다.
3 ○ 당신들은 성읍에서도 복을 받고, 들에서도 복을 받을 것
입니다.
4 ○ 당신들의 태가 복을 받아 자식을 많이 낳고, 땅이 복을
받아 열매를 풍성하게 내고, 집짐승이 복을 받아 번식할 것이
니, 소도 많아지고 양도 새끼를 많이 낳을 것입니다.
5 ○ 당신들의 곡식 광주리도 반죽 그릇도 복을 받을 것입니다.
6 ○ 당신들은 들어와도 복을 받고, 나가도 복을 받을 것입니다.

하나님의 말씀을 귀담아듣고 순종하면 복을 받을 거라고 약속합니다. 성경이 말하는 '복'은 무엇인가요? 하나님께서 허락하시는 복의 내용에는 경제적인 풍요로움과 풍성함, 대적들에 대한 승리와 같은 일상에서의 물질적인 것이 있는가 하면, 다른 민족들 위에 뛰어나게 되는 것(1, 13절)도 있습니다. 무엇보다도 하나님께서 택하신 거룩한 백성으로 살게 됩니다(9-10절). 이러한 복은 개인이 누리는 것만이 아니라 개인이 속해 있는 공동체 전체를 통해 경험하는 것이기도 합니다. 그러므로 성경이 말하는 복은 삶의 모든 영역에서 누리는 풍성함, 자유로움, 존귀함과 연관됩니다. 이렇게 복된 삶은 남들보다 더 열심히 공부하거나 피눈물 나는 노력, 천재적인 재능 등으로 얻는 결과가 아니라, 하나님의 명령과 규례에 순종하며 살아갈 때 얻는 것입니다. 그래서 누구라도 그 복에 참여할 수 있습니다.

7 ㅇ 당신들에게 대항하는 적들이 일어나도, 주님께서는 당신
들이 보는 앞에서 그들을 치실 것이니, 그들이 한 길로 쳐들
어왔다가, 일곱 길로 뿔뿔이 도망칠 것입니다.
8 ㅇ 주님께서 명하셔서, 당신들의 창고와 당신들의 손으로
하는 모든 일에 복이 넘치게 하실 것입니다. 그리하여 주 당
신들의 하나님이 당신들에게 주시는 땅에서 당신들에게 복을
주실 것입니다.
9 ㅇ 당신들이 주 당신들의 하나님의 명령을 지키고 그 길로
만 걸으면, 주님께서는 당신들에게 맹세하신 대로, 당신들
을 자기의 거룩한 백성으로 삼으실 것입니다. 10 이 땅의 모
든 백성이, 주님께서 당신들을 택하셔서 자기의 백성으로 삼
으신 것을 보고, 당신들을 두려워할 것입니다. 11 주님께서는,
당신들에게 주시겠다고 당신들의 조상에게 약속하신 이 땅에
서, 당신들 몸의 소생과 가축의 새끼와 땅의 소출이 풍성하도
록 하여주실 것입니다. 12 주님께서는, 그 풍성한 보물 창고
하늘을 여시고, 철을 따라서 당신들 밭에 비를 내려주시고,
당신들이 하는 모든 일에 복을 주실 것입니다. 그러므로 당신

나열된 복의 내용을 보면 직설적인 서술이라기보다는 상징이나 은유 같은 느낌이 듭니다. 순종을 강조하는 방법인가요? 경제적인 축복에 대해서는 그래도 매우 구체적인 편이지만, 하나님께서 택하신 거룩한 백성이 된다는 것과 같은 표현은 꽤 상징적인 표현이라 여겨집니다. 풍성하다는 것이 단순히 돈이 많고 경제적으로 넘쳐나는 것이 전부가 아니라, 하나님의 명령을 따라 살아가는 삶임을 이 같은 상징적인 표현으로 보여줍니다. 전쟁할 때도 대적이 한 길로 쳐들어왔다가 일곱 길로 도망친다는 식의 표현은 대적에 대한 완전한 승리를 나타냅니다. 지나치게 구체적인 표현보다는 이렇게 상징과 은유를 사용한 표현이 다양한 양상으로 나타나는 복된 삶을 다 포괄할 수 있을 것입니다.

들은 많은 민족에게 꾸어주기는 하여도 꾸지는 않을 것입니
다. 13 오늘 내가 당신들에게 명령하는 바, 당신들이 주 당신
들의 하나님의 명령을 진심으로 지키면, 주님께서는 당신들
을 머리가 되게 하고, 꼬리가 되게 하지 않으시며, 당신들을
오직 위에만 있게 하고, 아래에 있게 하지는 않으실 것입니
다. 14 당신들은, 좌로든지 우로든지, 내가 오늘 당신들에게
명하는 이 모든 말씀을 벗어나지 말고, 다른 신들을 따라가서
섬기지 마십시오."

불순종하여 받는 저주

15 ○ "그러나 당신들이 주 당신들의 하나님의 말씀을 듣지 않
고, 또 내가 오늘 당신들에게 명한 모든 명령과 규례를 지키지
않으면, 다음과 같은 온갖 저주가 당신들에게 닥쳐올 것입니다.
16 ○ 당신들은 성읍에서도 저주를 받고, 들에서도 저주를 받
을 것입니다.

분량만 단순 비교해도 순종으로 받는 복보다 불순종으로 받는 저주가 훨씬 많아 보입니다. 저주에 대한 공포를 극대화시킨 협박 같은 건가요? 앞서 도움글에서 이야기했듯이 신명기는 고대 중동 지역의 조약문과 같은 짜임새를 지녔습니다. 두 나라 사이에 맺은 고대 조약문에도 체결된 조약을 지킬 경우 양국에 임하는 좋은 일과 지키지 않을 경우 벌어지는 저주를 다루는데, 거기에도 신명기처럼 저주를 다룬 내용이 훨씬 더 길고 많습니다. 신명기는 이러한 조약문의 표현 방식을 고스란히 빌려와서 하나님과 이스라엘 사이의 계약 관계를 표현합니다. 하나님의 명령에 순종하지 않을 때 겪게 되는 재앙에 대해 훨씬 더 상세하고 길게 다룸으로써 이 글을 듣는 청중들이 자신들이 처한 현실을 돌아보고 이제라도 하나님의 명령에 순종하게 하는 것, 이것이 바로 이 기다란 저주 열거의 목적입니다.

17 ○ 당신들의 곡식 광주리도 반죽 그릇도 저주를 받을 것입
니다.
18 ○ 당신들의 몸에서 태어난 자녀와 당신들 땅의 곡식과 소
새끼와 양 새끼도 저주를 받을 것입니다.
19 ○ 당신들은 들어와도 저주를 받고, 나가도 저주를 받을
것입니다.
20 ○ 당신들이 악한 일을 하고 주님을 잊게 될 때에, 주님께
서는 당신들이 손을 대는 일마다 저주하고 혼돈시키고 책망
하실 것이니, 당신들이 순식간에 망할 것입니다. 21 주님께서
는, 당신들이 들어가 차지하려는 땅에서, 당신들의 몸이 전염
병에 걸리게 하셔서, 마침내 죽게 하실 것입니다. 22 주님께
서는 폐병과 열병과 염증과 무더위와 한발과 열풍과 썩는 재
앙을 내려서, 당신들이 망할 때까지 치실 것입니다. 23 당신
들 머리 위에 있는 하늘은 놋이 되어서 비를 내리지 못하고,
당신들 아래에 있는 땅은 메말라서 쇠가 될 것입니다. 24 주
님께서는 하늘로부터 당신들 땅으로 모래와 티끌을 비처럼
내려서, 마침내 당신들을 망하게 하실 것입니다.

저주의 내용을 요약하면 하는 일마다 모두 안 되고 극심한 질병에 시달리게 될 것이라는 것입니다. 왜 이렇게 극도로 저주하는 건가요? 하나님의 명령을 어기면 따로 저주가 임한다기보다는 하나님의 명령을 어기며 살아가는 삶 자체가 그런 저주로 가득한 삶이라고 할 수 있습니다. 가난한 이웃을 돌아보라는 명령이 신명기에 여러 번 반복되는데, 그런 명령을 지키지 않으면 그 사회는 가난한 사람의 눈물과 억울함이 가득할 것이며 흉흉할 것입니다. 먹고살 길이 없어 사람이 죽고 환경이 황폐해지면, 전염병이 도는 일도 당연히 발생할 것입니다. 이처럼 하나님의 규례와 법도를 따르지 않고 자신만을 돌보고 이기적으로 행한다면, 그 자체로 인류의 삶은 저주 가득한 삶이 되고 맙니다. 오늘날 우리는 이미 기후 위기로 어려움을 겪고 있는데, 그것은 전적으로 인간이 이제까지 저지른 죄악 때문일 것입니다.

25 ○ 주님께서는 당신들을 맞아 싸우는 적에게 당신들이 패
하게 하실 것입니다. 당신들이 한 길로 치러 나갔다가, 그들
앞에서 일곱 길로 도망하는 것을 보고, 땅 위에 있는 모든 나
라가 놀라서 떨 것입니다. 26 당신들의 주검이 공중의 온갖
새와 땅의 짐승들의 먹이가 될 것이나, 그것들을 쫓아줄 사람
이 없을 것입니다. 27 주님께서 이집트의 악성 종기와 치질과
옴과 습진을 내려 당신들을 치실 것이니, 당신들이 고침을 받
지 못할 것입니다. 28 주님께서는 당신들을 미치게도 하시고,
눈을 멀게도 하시고, 정신착란증을 일으키게도 하실 것입니
다. 29 당신들은, 마치 눈이 먼 사람이 어둠 속에서 더듬는 것
처럼, 대낮에도 더듬을 것입니다. 당신들의 앞길이 막혀서 사는 날 동안 압제를 받고 착취를 당하겠지만, 당신들을 구원해 줄 사람이 없을 것입니다.

30 ○ 당신들이 한 여자와 약혼해도 다른 남자가 그 여자를 욕
보이고, 집을 지어도 그 집에서 살지 못하며, 포도원을 가꾸어
도 그것을 따 먹지 못할 것입니다. 31 당신들의 소를 당신들이
눈앞에서 잡아도 당신들이 먹지 못할 것이요, 당신들의 나귀가

불순종의 대가로 인간에게 주어지는 건 차라리 죽는 게 나을 것 같다는 생각이 들 정도로 지독한 고통과 절망입니다. 당시의 다른 나라에도 비슷한 저주가 나오는 사례가 있나요? 전염병, 질병, 한발, 기근 같은 재해는 인류 역사에 끊임없이 존재하며, 고대 중동 지역에서도 빈번히 볼 수 있었습니다. 오늘날 우리는 이와 같은 자연재해가 지구의 환경 파괴와 연관되어 있다는 점을 알고 있습니다. 고대에는 이 같은 과학적 사실을 알 수 없었을 겁니다. 그렇지만 탐욕에 사로잡힌 이들이 자신의 이익만을 위해 행동할 때 어떻게 환경이 파괴되는가를 기억하면, 끔찍한 자연재해를 불순종으로 인한 저주의 결과로 보는 신명기의 설명이 충분히 타당하다는 것을 발견할 수 있습니다. 고대인들은 자신들의 삶의 환경에서 벌어지는 자연재해를 그저 불행으로 받아들이지 않고, 자신들의 불순종 때문에 벌어진 것은 아닌지 돌아보는 기회로 삼았습니다.

당신들의 눈앞에서 강탈을 당해도 도로 찾지 못할 것입니다.
당신들의 양 떼를 당신들의 원수에게 빼앗겨도 당신들을 도와
줄 사람이 없을 것입니다. 32 당신들은 자녀들을 다른 민족에
게 빼앗기고, 눈이 빠지도록 그들을 기다리다 지칠 것이며, 손
에 힘이 하나도 없을 것입니다. 33 당신들의 땅에서 거둔 곡식
과 당신들의 노력으로 얻은 모든 것을, 당신들이 알지 못하는
백성이 다 먹을 것입니다. 당신들은 사는 날 동안 압제를 받으
며, 짓밟히기만 할 것입니다. 34 당신들은 당신들의 눈으로 보
는 일 때문에 미치고 말 것입니다. 35 주님께서는 당신들의 무
릎과 발에 당신들이 고칠 수 없는 악성 종기가 나게 하셔서,
발바닥으로부터 머리 꼭대기까지 번지게 하실 것입니다.
36 ○ 주님께서는, 당신들을 다른 민족에게 넘기실 것이니,
당신들이 받들어 세운 왕과 함께, 당신들도 모르고 당신들 조
상도 알지 못하던 민족에게로 끌어가실 것이며, 당신들은 거

소름 끼치는 모든 저주가 망라되어 있는 장입니다. 어떤 내용들은 나치의 유대인 학살을 떠올리게도 합니다. 이런 저주가 이루어진 예로 거론되는 일들이 있나요?

28장에 나오는 저주 가운데 가장 끔찍한 것을 들라면 대적에게 포위되어 먹을 것을 도무지 구할 수 없게 되자 자식을 먹으리라는 저주를 꼽을 수 있습니다(52–57절). 도무지 상상조차 하기 힘든 이 참혹한 현실은 구약성경의 다른 본문에서도 볼 수 있습니다. 열왕기하 6장 24–30절에는 아람에게 사마리아 성이 포위되었고, 굶어 죽게 된 이들이 마침내 자신들이 낳은 아이를 잡아먹게 되었다는 내용이 실려 있습니다. 예레미야 애가 2장 20절과 4장 10절은 예루살렘이 바벨론에게 멸망당하던 시기에 어머니가 제 자식을 삶아 먹었다는 내용을 전하기도 합니다. 형제간에 서로 잡아먹으려 한다는 내용은 이사야서 9장 19–21절에서 볼 수 있습니다. 실제로 음식으로 먹지는 않더라도, 가족이 서로 원수가 되어 잡아먹지 못해 아우성인 경우는 오늘날에도 그리 드물지 않게 볼 수 있습니다. 이 모든 참혹한 현실의 원인에는 바로 죄악, 하나님의 명령을 거역한 죄악이 있습니다.

기에서 나무와 돌로 만든 다른 신들을 섬길 것입니다. 37 당
신들은, 주님께서 당신들을 끌어가신 곳의 모든 백성 가운데
서, 놀램과 속담과 조롱거리가 될 것입니다.
38 ○ 당신들이 밭에 많은 씨앗을 뿌려도, 메뚜기가 먹어버려
서 거둘 것이 적을 것이며, 39 당신들이 포도를 심고 가꾸어
도, 벌레가 갉아먹어서 포도도 따지 못하고 포도주도 마시지
못할 것이며, 40 당신들의 온 나라에 올리브나무가 있어도,
그 열매가 떨어져서 당신들은 그 기름을 몸에 바를 수 없을
것입니다. 41 당신들이 아들딸을 낳아도, 그들이 포로로 잡혀
가서 당신들의 자식이 되지 못할 것입니다. 42 당신들의 모든
나무와 땅의 곡식을 메뚜기가 먹을 것입니다.
43 ○ 당신들 가운데 사는 외국 사람은 당신들보다 점점 높아
지고, 당신들은 점점 낮아질 것입니다. 44 당신들은 외국 사
람에게 꾸기는 하여도, 꾸어주지는 못할 것입니다. 그들은 머
리가 되고, 당신들은 꼬리가 될 것입니다.
45 ○ 이 모든 저주가 당신들에게 내릴 것입니다. 그 저주가

저주의 내용이 하도 구체적이고 끔찍해서 28장 앞부분에 기술된 순종의 축복이 하나도 생각나지 않을 정도입니다. 이런 하나님을 어떻게 이해하는 것이 좋을까요?

앞에서도 이야기했지만, 사람들의 죄악으로 인해 하나님께서 벌을 내리셔서 이 같은 끔찍한 일이 일어난다기보다는, 사람들의 죄악 자체가 이런 결과를 가져온다고 할 수 있습니다. 서로 사랑하라는 명령을 어기고 약자를 짓밟고 함부로 하기 때문에 상대 나라를 이렇게 잔혹하게 죽이고 제거하는 것입니다. 가족이나 친구, 같은 지역에 사는 이웃들끼리 서로 물고 뜯고 싸우는 일은 하나님께서 내리신 벌이기도 하지만, 서로 사랑하고 돌보며 살라는 하나님의 명령을 사람들이 스스로 어긴 결과입니다. 사실, 못된 짓을 한 이들에게 벌이 내리는 것은 그 자체로 나쁘지 않은 일입니다. 세상에 정의가 살아 있다는 증거이기도 하니까요.

당신들을 따르고 당신들에게 미쳐서 당신들이 망할 것입니
다. 당신들이 주 당신들의 하나님의 말씀에 순종하지 않았고
당신들에게 명하신 그 명령과 규례를 지키지 않은 까닭입니
다. 46 이 모든 저주는 당신들과 당신들의 자손에게 영원토록
표징과 경고가 될 것입니다.
47 ○ 모든 것이 넉넉한데도 당신들이 기쁘고 즐거운 마음으
로 주 당신들의 하나님을 섬기지 않기 때문에, 48 당신들은
굶주리고 목마르고 헐벗고 모든 것이 부족하게 될 것이며, 그
뿐만 아니라 주님께서 보내신 원수들을 당신들이 섬기게 될
것입니다. 그들이 당신들의 목에 쇠멍에를 지울 것이며, 당신
들은 마침내 죽고 말 것입니다. 49 주님께서 땅끝 먼 곳에서
한 민족을 보내셔서, 독수리처럼 당신들을 덮치게 하실 것입
니다. 그들은 당신들이 모르는 말을 쓰는 민족입니다. 50 그
들은 생김새가 흉악한 민족이며, 노인을 우대하지도 않고, 어
린아이를 불쌍히 여기지도 않습니다. 51 그들이 당신들의 집
짐승 새끼와 당신들 땅의 소출을 먹어치울 것이니, 당신들은

불순종의 결과는 개인을 넘어 가족과 성읍, 민족까지 전방위적으로 미칩니다. 성경의 이런 부분을 바르게 이해하려면 어떻게 해야 하나요? 불순종하는 아들이 타일러도 말을 듣지 않으면 마을 사람이 모두 돌로 쳐 죽이라는 내용이 앞에서도 있었습니다(21:18–21). 정말로 죽이라는 데 초점이 있는 것이 아니라, 한 사람의 잘못은 그 사람만의 문제가 아니라 가족과 이웃, 마을 전체의 문제임을 이러한 처벌 규정이 알려줍니다. 공동체 전체의 분위기가 올바르다면, 때로 한 개인이 어긋나더라도 함께 살아가며 바로잡을 수 있습니다. 그것이 마을이고 공동체이며, 그것이 오늘날에도 혼자 신앙생활을 하지 않고 교회에 속해 함께 신앙생활을 하는 까닭이기도 합니다. 혼자는 약해도 함께하면 서로 격려하며 더 나은 길로 걸어갈 수 있습니다. 하나님께서는 한 개인을 부르신다기보다 함께 살아가는 이스라엘, 공동체를 백성으로 부르셨습니다.

마침내 망하고 말 것입니다. 그들이 곡식과 포도주와 기름과
소 새끼나 양 새끼 한 마리도 남기지 않아서, 마침내 당신들
은 멸망하고 말 것입니다. 52 그들은 당신들 온 땅에서 성읍
마다 포위하고, 당신들이 굳게 믿고 있던 높고 튼튼한 성벽을
헐며, 주 당신들의 하나님이 당신들에게 주시는 땅의 모든 성
읍에서 당신들을 에워쌀 것입니다.
53 ○ 당신들의 원수가 당신들을 에워싸서 당신들에게 먹거
리가 떨어지면, 당신들은 당신들의 뱃속에서 나온 자식 곧 주
당신들의 하나님이 당신들에게 주신 당신들의 아들딸을 잡아
서, 그 살을 먹을 것입니다. 54 당신들 가운데 아무리 온순하
고 고귀한 남자라 하여도, 굶게 되면 그 형제와 그 품의 아내
와 남아 있는 자식까지 외면할 것이며, 55 자기가 먹는 자식
의 살점을 어느 누구에게도 나누어주지 않을 것입니다. 이것
은 당신들의 원수가 당신들의 모든 성읍을 에워싸서, 당신들
에게는 아무것도 남은 것이 없기 때문입니다. 56 당신들 가운
데 아무리 온순하고 고귀한 부녀자라도, 곧 평소에 호강하며
살아서 발에 흙을 묻히지 않던 여자라도, 굶게 되면 그 품의

불순종으로 인한 저주는 대를 이어 계속됩니다. 지금의 가난이나 질병 같은 불행이 윗대가 불순종해서 생긴 결과라면 이걸 어떻게 받아들여야 하나요? 대를 이어 계속해서 불순종한다면, 저주도 대를 이어갈 수밖에 없습니다. 그렇지만 이미 신명기는 "아버지는 자식의 죄로 인해 죽지 않고, 자식들은 그 아버지의 죄로 죽지 않되, 각 사람은 자신의 죄로 죽는다"고 규정했습니다(24:16). 그러므로 지금 우리가 겪는 재앙이 우리 부모님 세대의 죄악 때문이라고 생각하는 것은 옳지 않습니다. 부모 세대 혹은 이전 세대에서 아무리 많은 죄악을 저질렀다 하더라도, 지금 새로운 세대가 하나님께로 돌이켜 그분의 명령과 규례를 따른다면 이 세대에 임한 저주는 이제 축복으로 바뀔 것입니다.

남편과 자식을 외면할 것입니다. 57 당신들은 제 다리 사이에
서 나온 어린 자식을 몰래 잡아먹을 것입니다. 이것은, 당신들
의 원수가 당신들의 성읍을 포위하고, 당신들을 허기지게 하
고, 당신들에게 아무것도 먹을 것이 없게 하였기 때문입니다.
58 ○ 당신들이 이 책에 기록된 율법의 모든 말씀을 성심껏
지키지 않고, 주 당신들의 하나님의 영광스럽고 두려운 이름
을 경외하지 않으면, 59 주님께서 당신들과 당신들의 자손에
게 큰 재앙을 내리실 것입니다. 그 재난이 크고 그치지 않을
것이며, 그 질병이 심하고 오래 계속될 것입니다. 60 주님께
서는, 당신들이 그렇게 무서워하던 이집트의 모든 질병을 가
져다가, 당신들에게 달라붙게 하실 것입니다. 61 또한 주님
께서는, 이 율법책에 기록도 되지 않은 온갖 질병과 재앙을,
당신들이 망할 때까지 당신들에게 내리실 것입니다. 62 당신
들이 하늘의 별같이 많아져도, 주 당신들의 하나님의 말씀
을 듣지 않으면, 마지막에는 몇 사람밖에 남지 않을 것입니
다. 63 주님께서는 당신들을 잘되게 하여주시고 기뻐하신 것
처럼, 또 당신들이 번성하는 것을 보시고서 기뻐하신 것처럼,
당신들이 멸망하는 것을 보시고서도 기뻐하실 것입니다. 그렇

저주에 저주를 예고한 하나님의 이미지는 쉽게 떨쳐버리기 어렵습니다. 인간의 운명은 이렇게 하나님 앞에서 벌벌 떨며 두려워하면서 살아야 하는 건가요? 신명기에는 '오늘', '지금' 같은 표현이 무수히 반복됩니다. 이 무서운 저주가 임할까 봐 두려워할 것이 아니라 지금이라도, 오늘이라도 하나님께로 돌이켜 그 명령을 따르면 저주 가득하던 삶이 축복 가득한 삶으로 바뀔 것입니다. 신명기 28장은 이스라엘에게 그들이 이전에 겪은 재앙을 반성하고 돌아보게 하면서 지금 올바르게 살아갈 것을 촉구합니다. 공동체가 겪은 재앙을 그저 불운으로만 치부할 것이 아니라, 우리 공동체 안에 이기심과 탐욕만 가득한 것은 아닌지 돌아보고 반성하는 과정이 꼭 필

게 되면 당신들은, 당신들이 들어가서 차지할 그 땅에서 뿌리
가 뽑히고 말 것입니다.
64 ○ 주님께서는, 땅 이 끝에서 저 끝까지, 모든 민족 가운데
당신들을 흩으실 것이니, 당신들은 그곳에서 당신들과 당신
들의 조상이 알지 못하던 나무와 돌로 된 우상을 섬길 것입니
다. 65 당신들은 그 민족들 가운데서 쉴 틈을 찾지 못하고, 발
을 쉴 만한 곳도 찾지 못할 것입니다. 오히려 주님께서는 당
신들의 마음에 두려움을 주시고, 눈을 침침하게 하며, 정신을
몽롱하게 하실 것입니다. 66 당신들은 언제나 생명의 위협을
느낄 것이며, 밤낮 두려워하여, 자신의 목숨을 건질 수 있을
지조차도 확신할 수 없을 것입니다. 67 당신들이 두려움과 공
포에 사로잡혀서 당신들의 눈으로 보는 것마다 무서워서, 아
침에는 저녁이 되었으면 좋겠다고 하고, 저녁에는 아침이 되
었으면 좋겠다고 할 것입니다. 68 주님께서는 '다시는 그 길
을 보지 않게 하겠다' 하고 약속하신 그 길로, 당신들을 배에
태워 이집트로 끌고 가실 것입니다. 거기에서는, 당신들이 당
신들 몸뚱이를 원수들에게 남종이나 여종으로 팔려고 내놓아
도, 사는 사람조차 없을 것입니다."

요합니다. 우리 사회가 약자를 돌아보지 않고 배타적이고 폐쇄적으로 대하며 나만의 유익, 우리만의 유익, 우리나라만의 이익에 몰두할 때, 나와 우리의 삶은 필연적으로 파괴되고 말 것입니다. 그러나 언제라도 돌이킨다면 놀랍도록 새로운 미래가 우리를 기다릴 것입니다.

{ 제29장 }

모압 땅에서 세우신 언약

1 이것은, 주님께서 호렙에서 이스라엘 자손과 세우신 언약에
덧붙여서, 모세에게 명하여, 모압 땅에서 이스라엘 자손과 세
우신 언약의 말씀이다.
2 ○ 모세가 온 이스라엘을 불러 모으고 그들에게 말하였다.
"주님께서 이집트 땅에서 하신 일, 당신들이 지켜보는 가운데
바로와 그 신하들 앞과 그 온 땅에서 하신 모든 일을, 당신들
은 똑똑히 보았습니다. 3 당신들은 그 큰 시험과 굉장한 표징
과 기적을 당신들의 눈으로 직접 보았습니다. 4 그러나 바로
오늘까지, 주님께서는 당신들에게 깨닫는 마음과 보는 눈과
듣는 귀를 주지 않으셨습니다. 5 ('나는 사십 년 동안 광야에
서 너희를 인도하였다. 그래서 너희 몸에 걸친 옷이 해어지지
않았고, 너희 발에 신은 신이 닳지 않았다. 6 너희는 빵도 먹

호렙에서 이스라엘 자손과 세우신 언약은 무엇이며, 모압 땅에서 세우신 언약과는 어떤 차이가 있나요? 이집트를 떠나 시내산에서 맺은 언약을 시내산 언약 혹은 호렙산 언약이라 부르고, 그 내용은 구약성경 출애굽기 19–24장에 실려 있습니다. 이제 신명기 전체는 광야 생활 마지막 시점에, 요단강을 목전에 둔 모압 평지에서 모세를 통해 선포된 설교 형식을 지닙니다. 모세는 설교를 통해 출애굽 2세대를 향해 이제 하나님께서 그들과 언약을 맺으셨음을 선포합니다. 그 언약의 구체적인 내용은 신명기 12–26장에서 볼 수 있습니다. 이 언약을 모압 언약이라 부릅니다. 두 언약 모두 십계명에 기반을 두고 있으나(출 20:1–17; 신 5:1–21), 모압 언약은 이제 들어갈 가나안 땅에서의 정착 생활에 좀 더 초점을 두었습니다. 그러나 두 언약 모두 하나님과 이스라엘이 맺은 언약이라는 점에서 하나님의 백성으로 살아가는 삶을 다룬다는 근본적인 공통점을 지닙니다.

지 못했고, 포도주나 독한 술도 마시지 못했다. 그러나 나는
너희에게 필요한 것을 주어서, 내가 바로 주 너희의 하나님임
을, 너희에게 알리고자 하였다.') 7 이곳에 이르렀을 때에, 헤
스본 왕 시혼과 바산 왕 옥이 우리를 맞아서 싸우러 나왔지
만, 우리가 그들을 쳐부수었습니다. 8 우리는 그들의 땅을 점
령하고, 그 땅을 르우벤과 갓과 므낫세 반쪽 지파에게 유산으
로 주었습니다. 9 그러므로 당신들은 이 언약의 말씀을 지키
십시오. 그러면 당신들이 하는 일마다 성공할 것입니다.
10 ○ 오늘 당신들은, 각 지파의 지도자들과 장로들과 관리들
을 비롯하여, 온 이스라엘 사람, 11 곧 당신들의 어린아이들과
아내들과 당신들의 진 가운데서 함께 사는 외국 사람과 당신
들에게 장작을 패주는 사람과, 나아가서는 물을 길어오는 사
람에 이르기까지, 주 당신들의 하나님 앞에 모두 모였습니다.
12 당신들은 오늘 여기에 서서, 주 당신들의 하나님이 당신들
과 세우시는 그 언약에 참여하게 됩니다. 당신들은 그 언약에

깨닫는 마음과 보는 눈과 듣는 귀를 주지 않으셨다(4절)는 말은 무슨 뜻인가요? 신명기의 마지막 부분인 29장과 30장은 인간의 연약함과 실패, 끝없는 불순종으로 인한 멸망이라는 현실에 대한 하나님의 심사숙고를 보여줍니다. 만일 4절 말씀이 글자 그대로의 의미라면, 하나님께서는 이스라엘에게 책임을 물으실 수 없을 것입니다. 깨닫는 마음을 하나님께서 주셔야 사람이 무엇을 행할 수 있다면, 사람은 더 이상 주체적인 존재가 아니라 수동적인 기계와 다름없을 것입니다. 이 말씀은 하나님께서 이스라엘에게 순종하는 마음, 하나님을 사랑하는 마음을 주시겠다는 30장 6절과 대응됩니다. 이 두 구절은 이제 하나님께 순종하며 살아가는 이스라엘에게 새로운 미래를 약속하고 격려하는 말씀입니다. 하나님을 신뢰하고 믿음으로 걸어갈 때 하나님께서는 깨닫는 마음, 보는 눈, 듣는 귀를 주시고, 사랑하는 마음을 주실 것입니다. 하나님께서 순종하는 이들의 마음을 변화시켜주셔서 더욱 하나님의 뜻을 깨달아 행하게 하실 것입니다. 그렇기에 이제라도 하나님과 맺은 언약을 따라 믿음으로 걸어갈 것을 촉구합니다.

들어 있는 의무를 지켜야 합니다. 13 주님께서 당신들에게 약
속하시고, 당신들의 조상 아브라함과 이삭과 야곱에게 맹세
하신 대로, 오늘 당신들을 자기의 백성으로 삼으시고, 주님께
서 몸소 당신들의 하나님이 되시려는 것입니다. 14 이 언약과
맹세는 주님께서 당신들하고만 세우는 것이 아닙니다. 15 이
언약은, 오늘 주 우리의 하나님 앞에 우리와 함께 서 있는 사
람들만이 아니라, 오늘 여기 우리와 함께 있지 않은 자손과도
함께 세우는 것입니다.
16 ○ (당신들은 우리가 이집트 땅에서 어떻게 살아왔는지,
또 여러 나라를 어떻게 지나왔는지를 기억하십시오. 17 당신
들은 그들 가운데 있는 역겨운 것과, 나무와 돌과 은과 금으
로 만든 우상을 보았습니다.) 18 당신들 가운데 남자나 여자
나 가족이나 지파가, 주 우리 하나님으로부터 마음을 멀리하
여, 다른 민족의 신들을 섬기려고 해서는 안 됩니다. 당신들
가운데 독초나 쓴 열매를 맺는 뿌리가 있어서는 안 됩니다.
19 그러한 사람은 이런 저주의 말을 들으면서도 속으로 자기
를 달래면서 '내 고집대로 하여도 만사가 형통할 것이다' 할

하나님이 절대 용서하지 않는 죄는 하나님으로부터 마음을 멀리하여 다른 민족의 신들을 섬기는(18-20절) 것인가요? 신명기는 고대의 조약문 형식을 사용하는데, 이런 조약문과 신명기에서 가장 강조하는 것은 사랑, 즉 충성입니다. 하나님 한 분을 사랑하고 그분에게 충성하며 그분을 신뢰하는 것은 신명기가 요구하는 모든 계명의 핵심입니다. 그렇다면 하나님을 버리고 다른 신을 좇는 것은 신명기 언약이 요구하는 근본을 허물어뜨리는 행동일 것입니다. 언약의 기둥이 무너졌으니 하나님의 심판이 임할 것입니다. 그러나 언제라도 이스라엘이 자신들의 잘못을 인정하고 돌이킨다면 하나님께서는 그들을 다시 회복하실 것입니다. 자신의 잘못을 인정하지 않고 이제까지의 삶을 고집한다면 하나님께서는 결코 그들을 용서하지 않으실 것입니다.

것입니다. (당신들이 그런 사람을 그대로 두면, 맹렬한 재난
을 만나서 파멸되고 말 것입니다.) 20 주님께서는 그런 사람
을 용서하지 않으십니다. 주님께서는 그런 사람에게 주님의
분노와 질투의 불을 퍼부으실 뿐만 아니라, 이 책에 기록되어
있는 모든 저주를 그에게 내리게 하실 것입니다. 그리하여 주
님께서는 마침내 그의 이름을 하늘 아래에서 지워버려서, 아
무도 그를 기억하지 못하게 하실 것입니다. 21 주님께서는 그
런 사람을 이스라엘의 모든 지파 가운데서 구별하여, 이 율법
책의 언약에 나타나 있는 온갖 저주대로, 그들에게 재앙을 내
리실 것입니다.
22 ○ 당신들의 뒤를 이어 태어나는 자손과 먼 나라에서 온 외
국 사람들이, 주님께서 이 땅에 내리신 재앙과 질병을 보고,
23 또 온 땅이 유황불에 타며, 소금이 되어 아무것도 뿌리지
못하고 나지도 않으며, 아무 풀도 자라지 않아서, 주님께서 맹
렬한 분노로 멸망시키신 소돔과 고모라와 아드마와 스보임과
같이 된 것을 보면서, 물을 것입니다. 24 모든 민족이 묻기를

앞 장에서 설명한 것으로는 부족했는지, 다시 한번 저주를 재확인합니다. 이렇게까지 강조하는 이유는 무엇인가요? 28장의 저주는 마침내 하나님께서 허락하신 땅에서 이스라엘이 쫓겨나리라는 내용이었고(28:63–68), 29장의 저주는 이 주제를 확대 심화합니다(29:22–28). 하나님을 거역하고 다른 신을 좇은 결과는 땅의 황폐함, 그리고 그 땅에서 쫓겨나 다른 나라에서 살게 되는 것입니다. 28절에서 보듯, 이 저주의 내용은 훗날 결국 그 땅에서 쫓겨난 백성들이 자신들의 현실을 이해하고 해석하는 근거가 됩니다. 나라가 망하고 남의 땅에 포로로 끌려가서 현재와 과거를 되돌아볼 때, 국력이 약해서나 운이 나빠서가 아니라 하나님이 아닌 다른 신을 섬겼기 때문임을 깨닫게 하는 것이 이 본문의 실질적인 목적입니다. 국력을 키우고 경제력을 키우는 것보다 하나님께 돌아와 그분의 명령을 따라 살아가는 것이 회복의 유일한 길이라고 이와 같은 저주 본문은 강력하게 외치고 있습니다.

'어찌하여 주님께서는 이 땅에서 이런 참혹한 일을 하셨을까?
이토록 심한 분노를 일으키신 것은 무엇 때문일까?' 할 것입니
다. 25 그러면 사람들이 대답할 것입니다. '그들은, 주님께서
이집트 땅에서 그들의 조상을 인도하여내실 때에, 주 조상의
하나님과 세운 언약을 버리고, 26 그들이 알지도 못하고 주님
께서 허락하시지도 아니한 신들을 따라가서, 섬기고 절하였
다. 27 그래서 주님께서 이 땅을 보고 진노하셔서, 이 책에 기
록된 모든 저주를 내리신 것이다. 28 주님께서 크게 분노하시
고 진노하시고 격분하셔서, 오늘과 같이 그들을 이 땅에서 송
두리째 뽑아다가 다른 나라로 보내버리신 것이다.'
29 ○ 이 세상에는 주 우리의 하나님이 숨기시기 때문에 알
수 없는 일도 많습니다. 그것은 주님의 것입니다. 그러나 하
나님은 그의 뜻이 담긴 율법을 밝히 나타내주셨으니, 이것은
우리의 것입니다. 우리와 우리의 자손은 길이길이 이 율법의
모든 말씀에 순종해야 합니다."

{ 제30장 }

복 받는 길

1 "나는 당신들에게 당신들이 받을 수 있는 모든 복과 저주를
다 말하였습니다. 이 모든 일이 다 이루어져서, 당신들이 주
당신들의 하나님이 쫓아내신 모든 나라에 흩어져서 사는 동
안에, 당신들의 마음에 이 일들이 생각나거든, 2 당신들과 당
신들의 자손은 주 당신들의 하나님께로 돌아와서, 마음을 다
하고 정성을 다하여 오늘 내가 당신들에게 명령한 주님의 모
든 말씀을 순종하십시오. 3 그러면 주 당신들의 하나님이 마
음을 돌이키시고, 당신들을 불쌍히 여기셔서, 포로 생활에서
돌아오게 하여주실 것입니다. 그리고 주 당신들의 하나님이
당신들을, 그 여러 민족 가운데로 흩으신 데서부터 다시 모으
실 것입니다. 4 쫓겨난 당신들이 하늘 끝에 가 있을지라도, 주
당신들의 하나님은, 거기에서도 당신들을 모아서 데려오실

주님의 모든 말씀에 순종하라는 모세의 당부가 간곡합니다. 왜 모세는 '우리의 하나님'이 아닌 '당신들의 하나님'이라고 표현하나요? 그냥 수사적인 표현인가요, 아니면 어떤 의도가 있나요? 30장은 그야말로 모세의 마지막 당부입니다. 주 하나님의 명령에 순종하며 살아가는 것은 다른 누구의 선택이나 결정도 아닌, 이스라엘 백성 스스로의 선택이요, 결정입니다. 이것을 의도적으로 강조하느라 신명기는 전체적으로 '당신들의 하나님'이라는 표현을 반복해 사용합니다. 사람들 앞에 복의 길이 있고 저주의 길이 있다 하더라도 결국 그것을 선택하는 것은 모세가 아니라 이스라엘 백성입니다. 아울러 주 하나님이 다른 백성의 하나님이 아니라 이스라엘 백성 '당신들의 하나님'임을 이 같은 표현으로 강조하고 부각시킵니다. 언제라도 '당신들의 하나님'께 순종하고 언제라도 그 하나님께로 돌이키면 살 길이 있습니다.

것입니다. 5 주 당신들의 하나님이 당신들을 당신들의 조상이
차지했던 땅으로 돌아오게 하시어, 당신들이 그 땅을 다시 차
지하게 하실 것이며, 당신들의 조상보다 더 잘되고 더 번성하
게 하여주실 것입니다.
6 ○ 주 당신들의 하나님이 당신들의 마음과 당신들 자손의
마음에 할례를 베푸셔서 순종하는 마음을 주실 것입니다. 그
리하여 당신들이 마음을 다하고 정성을 다하여 주 당신들의
하나님을 사랑하며 살 수 있게 하실 것입니다. 7 주 당신들의
하나님은 당신들의 원수와 당신들을 미워하고 괴롭히는 사람
들에게 이 모든 저주를 내리실 것입니다. 8 그때에 당신들은
돌아와서 주님의 말씀을 순종하며, 내가 오늘 당신들에게 명
한 모든 명령을 지킬 것입니다. 9 그러면 주 당신들의 하나님
은 당신들이 하는 모든 일에 복을 주시고, 당신들 몸의 소생
과, 가축의 새끼와 땅의 소출을 풍성하게 하실 것입니다. 주
님께서, 기쁜 마음으로 당신들의 조상이 잘되게 하신 것처럼,
기쁜 마음으로 당신들도 잘되게 하실 것입니다. 10 당신들이

하나님이 복을 주실 것이라는 약속도 거듭 반복됩니다. 복과 저주의 결과가 너무 판이한데도, 왜 사람들은 복의 길을 따르지 않은 건가요? 결국 이 약속을 믿지 않은 거 아닌가요? 신명기 전체가 하나님의 명령과 규례를 따르면 복되다는 내용임에도 불구하고 백성들은 빈번히 하나님을 신뢰하지 않고 자신들이 보기에 좋다 싶은 길을 선택합니다. 이 백성의 모습은 오늘을 살아가는 우리들에게서도 쉽게 발견됩니다. 옳고 바른 길이 복된 길임에도, 편법을 쓰거나 심지어 부정과 불의를 저지르는 일이 다른 사람들의 이야기만은 아닐 겁니다. 30장 본문 첫머리는 결국 이스라엘이 불순종해서 심지어 땅과 나라를 잃고 다른 나라에 포로로 끌려가게 될 것을 전제하고 있습니다. 그때라도 하나님께로 마음을 돌이키라고 30장은 이스라엘 백성을 초대하고 부릅니다. 어리석은 선택을 할 때가 많지만 그것이 끝은 아닙니다. 언제라도 하나님께 돌아오면 다시 생명과 복의 길을 걸을 수 있습니다.

주 하나님의 말씀을 잘 듣고, 이 율법책에 기록된 명령과 규
례를 지키고, 마음을 다하고 정성을 다하여 주 당신들의 하나
님께로 돌아오면, 그런 복을 받게 될 것입니다.
11 ○ 오늘 내가 당신들에게 내리는 이 명령은, 당신들이 실천
하기 어려운 것도 아니고, 당신들의 능력이 미치지 못하는 것
도 아닙니다. 12 이 명령은 하늘 위에 있는 것이 아니므로, 당
신들은 '누가 하늘에 올라가서 그 명령을 받아다가, 우리가 그
것을 듣고 지키도록 말하여주랴?' 할 것도 아닙니다. 13 또한
이 명령은 바다 건너에 있는 것도 아니니 '누가 바다를 건너가
서 명령을 받아다가, 우리가 그것을 듣고 지키도록 말하여주
랴?' 할 것도 아닙니다. 14 그 명령은 당신들에게 아주 가까운
곳에 있습니다. 당신들의 입에 있고 당신들의 마음에 있으니,
당신들이 그것을 실천할 수 있습니다.
15 ○ 보십시오. 내가 오늘 생명과 번영, 죽음과 파멸을 당신
들 앞에 내놓았습니다. 16 내가 오늘 당신들에게 명하는 대
로, 당신들이 주 당신들의 하나님을 사랑하고, 그의 길을 따
라가며, 그의 명령과 규례와 법도를 지키면, 당신들이 잘되

명령이 입에 있고 마음에 있어서 실천할 수 있다고 말합니다(14절). 실천이 쉽다는 것을 강조한 말인가요? 하나님께서 그 백성에게 이르시는 명령은 무척이나 신비롭고 비밀스러워서 보통 사람은 알지도 못하고 찾지도 못하는 지식이 결코 아닙니다. 특정한 집단에 가입해서 꽤 시간이 지나야 도달할 수 있는 감춰진 진리도 결코 아닙니다. 누구라도 곰곰이 생각하고 따져보면 "어떻게 사는 것이 맞구나" 하고 깨달을 수 있는 진리이며, 그래서 하나하나 실천할 수 있는 진리입니다. 하나님께서 요구하시는 것은 어마어마한 고행이 아니라, 일상에서 하나님을 인정하고 신뢰하며, 함께 살아가는 이웃을 사랑하고 존귀하게 여기는 삶입니다. 진리는 먼 곳, 힘든 곳에 있는 것이 아니라 우리 곁, 우리 일상 그 안에 있습니다.

고 번성할 것입니다. 또 당신들이 들어가서 차지할 땅에서,
주 당신들의 하나님이 당신들에게 복을 주실 것입니다. 17 그
러나 당신들이 마음을 돌려서 순종하지 않고, 빗나가서 다른
신들에게 절을 하고 섬기면, 18 오늘 내가 당신들에게 경고한
대로, 당신들은 반드시 망하고 맙니다. 당신들이 요단강을 건
너가서 차지할 그 땅에서도 오래 살지 못할 것입니다. 19 나
는 오늘 하늘과 땅을 증인으로 세우고, 생명과 사망, 복과 저
주를 당신들 앞에 내놓았습니다. 당신들과 당신들의 자손이
살려거든, 생명을 택하십시오. 20 주 당신들의 하나님을 사랑
하십시오. 그의 말씀을 들으며 그를 따르십시오. 그러면 당신
들이 살 것입니다. 주님께서 당신들의 조상 아브라함과 이삭
과 야곱에게 주시겠다고 맹세하신 그 땅에서 당신들이 잘 살
것입니다."

{ 제31장 }

여호수아가 모세의 후계자가 되다

1 모세가 온 이스라엘 백성에게 계속하여 말하였다. 2 모세가
그들에게 말하였다. "이제 내 나이 백스무 살입니다. 이제 더 이
상 당신들 앞에 서서 당신들을 지도할 수 없습니다. 주님께서
는, 내가 요단강을 건너는 것을 허락하지 않으셨습니다. 3 주
당신들의 하나님이 당신들 앞에서 건너가셔서, 몸소 저 민족
들을 당신들 앞에서 멸하시고, 당신들이 그 땅을 차지하게 하
실 것입니다. 주님께서 말씀하신 대로, 여호수아가 지휘관이
되어 당신들 앞에서 건너갈 것입니다. 4 이미 주님께서 아모
리 왕 시혼과 옥과 그들의 땅을 멸하신 것과 같이, 그들도 멸
하실 것입니다. 5 주님께서 그들을 당신들에게 넘겨주실 것
입니다. 당신들은 내가 당신들에게 명한 대로 그들에게 하여
야 합니다. 6 마음을 강하게 하고 용기를 내십시오. 그들 앞에
서, 두려워하지도 말고 무서워하지도 마십시오. 주 당신들의

요단강을 건넌다는 의미는 무엇인가요? 관용구처럼 사용되는 말과 같은 뜻인가요?

이스라엘 백성에게 주어지는 약속의 땅은 크게 요단강 서편 지역과 요단강 동편 지역으로 나뉩니다. 광야를 거쳐 요단강 동편 지역으로 진행하면서 모세와 이스라엘 백성은 헤스본 왕 시혼과 바산 왕 옥을 무찌르고 그 나라들을 차지했으며, 그것을 르우벤, 갓, 므낫세 절반 지파에게 나눠주었습니다. 그래서 이미 이스라엘은 약속의 땅에 정착을 시작한 셈이지만, 대부분의 땅은 요단강 서편에 속합니다. 모세는 요단강을 목전에 둔 모압 평지에서 그의 마지막 설교를 나누었고, 이제 그의 삶과 사역이 끝나갑니다. 이미 약속의 땅을 경험했지만, 요단강 건너편으로는 가지 못하는 것이 모세에게 정해진 길이었습니다.

하나님이 당신들과 함께 가시면서, 당신들을 떠나지도 않으
시고 버리지도 않으실 것입니다."
7 ○ 모세가 여호수아를 불러서, 온 이스라엘이 보는 앞에서
그에게 말하였다. "그대는 마음을 강하게 하고 용기를 내시
오. 그대는, 주님께서 그대의 조상에게 주시기로 맹세하신 땅
으로 이 백성과 함께 가서, 그들이 그 땅을 유산으로 얻게 하
시오. 8 주님께서 친히 그대 앞에서 가시며, 그대와 함께 계
시며, 그대를 떠나지도 않으시고 버리지도 않으실 것이니, 두
려워하지도 말고 겁내지도 마시오."

일곱 해마다 회중에게 율법을 읽어주라

9 ○ 모세가 이 율법을 기록하여, 주님의 언약궤를 메는 레위
자손 제사장들과 이스라엘의 모든 장로에게 주었다. 10 모세
가 그들에게 명령하였다. "일곱 해가 끝날 때마다, 곧 빚을 면
제해주는 해의 초막절에, 11 온 이스라엘이 주 당신들의 하나
님을 뵈려고 그분이 택하신 곳으로 나오면, 당신들은 이 율법

율법을 7년마다 한 번 읽었다는 말인가요? 문서도 흔하지 않았던 그 시절, 그렇게 하면 율법을 기억하기 너무 어려운 거 아닌가요? 레위 사람 제사장에게 이 율법의 말씀 기록이 있기에(25-26절) 이스라엘 백성은 언제든 그들에게 찾아가 율법 말씀에 대해 문의하고 확인할 수 있었습니다. 매 7년째 초막절에 이스라엘 모든 백성이 함께 모인 자리에서 율법을 낭독하라는 명령은 앞으로 7년 동안 하나님의 율법을 따라 살겠다고 약속하며 다짐하는 계약 갱신 의식을 가리키는 것으로 볼 수 있습니다. 7일 동안 세상을 창조하고 쉬신 하나님에서 보듯, 숫자 7은 구약에서 하나님의 완전하심 혹은 충만을 상징하는 숫자입니다. 7년마다 율법 낭독을 듣고 그 명령과 규례를 따라 살겠다고 다짐함으로써 선택받은 하나님의 백성으로 그에 합당한 삶을 살아가겠다는 의지를 갱신하는 것입니다.

을 온 이스라엘 백성 앞에서 읽어서, 그들의 귀에 들려주십
시오. 12 당신들은 이 백성의 남녀와 어린아이만이 아니라 성
안에서 당신들과 같이 사는 외국 사람도 불러 모아서, 그들이
율법을 듣고 배워서, 주 당신들의 하나님을 경외하며, 이 율
법의 모든 말씀을 지키도록 하십시오. 13 당신들이 요단강을
건너가서 차지하는 땅에 살게 될 때에, 이 율법을 알지 못하
는 당신들의 자손도 듣고 배워서, 주 당신들의 하나님을 경외
하게 하십시오."

주님께서 모세에게 하신 마지막 지시

14 ○ 주님께서 모세에게 말씀하셨다. "이제 네가 죽을 날이
가까이 왔으니, 여호수아를 불러 함께 회막으로 나아오너라.
내가 그에게 명을 내리겠다." 그래서 모세와 여호수아가 회막
으로 나아갔다. 15 그때에 주님께서 구름기둥 가운데서 장막
에 나타나시고, 구름기둥은 장막 어귀 위에 머물러 있었다.
16 ○ 주님께서 모세에게 말씀하셨다. "너는 네 조상과 함께

이스라엘의 '빚을 면제해주는 해'는 따로 정해져 있었나요? 빚을 탕감해주는 일곱 번째 해를 가리켜 '면제년'이라고 부르며, 이에 대한 규례는 신명기 15장 1-11절에 나와 있습니다. 이에 따르면 이웃이 경제적 어려움에 빠져서 도움을 청할 때, 인색한 마음을 품지 말고 꾸어줘야 합니다. 빌려간 돈을 갚지 못하더라도 7년 면제년이 이르면 이전에 있던 모든 빚이 저절로 탕감됩니다. 이와 같은 규례는 빚으로 인해 가난이 영구화되는 것을 구조적으로 막습니다. 하나님의 율법을 모든 이스라엘 앞에서 낭독하는 시기가 바로 이 면제년입니다. 가난으로 인해 빚을 진 사람과 경제적으로 아무 문제없는 사람이 함께 율법 말씀을 듣고 아멘 하는 일은 신명기에 따르면 위선입니다. 모든 빚을 탕감해서 누구라도 새 출발이 가능한 채로 율법 말씀을 듣고 계약을 새로이 하는 것, 그것이 신명기의 근본 취지입니다.

잠들 것이다. 그러나 이 백성은, 들어가서 살게 될 그 땅의 이
방 신들과 더불어 음란한 짓을 할 것이다. 그들은 나를 버리
고, 나와 세운 그 언약을 깨뜨릴 것이다. 17 그날에 내가 그들
에게 격렬하게 진노하여, 그들을 버리고 내 얼굴을 그들에게
서 숨길 것이다. 그래서 그들은, 온갖 재앙과 고통이 덮치는
날, 이렇게 말할 것이다. '우리 하나님이 우리 가운데 계시지
않기 때문에 이런 재앙이 덮치고 있다' 하고 탄식할 것이다.
18 그들이 돌아서서 다른 신을 섬기는 온갖 악한 짓을 할 것
이니, 그날에 내가 틀림없이 내 얼굴을 그들에게서 숨기겠다.
19 ○ 이제 이 노래를 적어서, 이스라엘 백성에게 가르쳐 부
르게 하여라. 이 노래가 이스라엘 자손에게 내가 무엇을 가
르쳤는지를 증언할 것이다. 20 내가 그들의 조상에게 맹세
한, 젖과 꿀이 흐르는 땅에 그들을 인도하여 들인 뒤에, 그들
이, 살이 찌도록 배불리 먹으면, 눈을 돌려 다른 신들을 섬기
며 나를 업신여기고, 나와 세운 언약을 깨뜨릴 것이다. 21 그
리하여 그들이 온갖 재앙과 환난을 당하게 될 것이다. 그러나
사람들이 이 노래를 부르는 한, 이 노래가 그들을 일깨워주는

하나님도 모세도 이스라엘 백성들의 훗날을 매우 부정적으로 예견합니다. 굳이 이렇게 초를 치는 의도가 궁금합니다. 모세를 통해 선포된 신명기 말씀은 그로부터 많은 시간이 흐른 후에야 지금과 같은 형태로 모이고 완성되었습니다. 훗날 실제로 나라가 망한 뒤에 자신들의 패망이 국력이나 경제력이 아니라 하나님의 규례를 버리고 우상을 따른 결과임을 깨닫게 되면서 신명기와 같은 책이 멸망 이후의 공동체 안에서 특별한 의미와 지위를 지니게 되었습니다. 그래서 신명기에는 이미 경험한 패망과 멸망의 시각에서 주어진 말씀이 의도적으로 더 많이 보존되었습니다. 이를 통해 멸망 이후를 살아가는 사람들로 하여금 과거를 올바르게 직면하고 이해하도록 도우며 언제든지 절망하거나 체념하지 말고 이제라도 하나님의 규례와 명령을 따라 살아가도록 촉구하는 것이 신명기 같은 책의 목적입니다.

증언이 될 것이다. 비록 내가 아직 약속한 땅으로 그들을 인
도하기 전이지만, 지금 그들이 품고 있는 생각이 무엇인지를
나는 알고 있다."
22 ○ 그날에 모세는 이 노래를 적어 이스라엘 백성에게 가르
쳐주었다.
23 ○ 주님께서 눈의 아들 여호수아에게 말씀하셨다. "너는
이스라엘 자손을 인도하여 내가 그들에게 약속한 땅으로 들
어갈 것이니, 마음을 강하게 먹고 용기를 내어라. 내가 너와
함께 있겠다."
24 ○ 모세는 이 율법의 말씀을 다 책에 기록한 뒤에, 25 주의
언약궤를 메는 레위 사람들에게 말하였다. 26 "이 율법책을
가져다가 주 당신들의 하나님의 언약궤 옆에 두어서, 당신들
에게 증거가 되게 하시오. 27 내가 당신들의 반항심과 센 고
집을 알고 있소. 지금 내가 살아 있어서 당신들과 함께 있는
데도 당신들이 주님을 거역하거늘, 내가 죽은 다음에야 오죽

여호수아가 모세의 후계로 지목된 이유는 무엇인가요? 여호수아는 광야 유랑 시절 젊어서부터 모세와 함께한 그의 부관이었습니다(출 17:10; 24:13; 32:17; 33:11; 민 11:28). 가데스바네아에서 가나안 땅을 정찰하기 위해 지파별로 한 명씩 12명을 보낼 때, 여호수아는 에브라임 지파의 대표로 보내졌습니다(민 13:8). 10명의 정탐꾼들 모두가 그 땅에 사는 사람들이 너무 강해서 자신들은 결코 이길 수 없고 이제 죽게 되었다고 불평했을 때(민 13:31–33; 14:1–4), 갈렙과 여호수아 두 사람은 하나님께서 그 땅을 주셨다고 말하며 하나님의 약속을 굳게 붙잡았습니다(민 13:30; 14:6–9). 하나님께서는 믿음을 버린 채 불평한 이스라엘이 그들의 말대로 결국 그 땅에 들어가지 못하게 하셨고, 하나님을 신뢰한 갈렙과 여호수아는 그들의 믿음대로 그 땅에 들어가게 하셨습니다(민 14:28–35). 이제 곧 가나안 땅에 들어갈 이스라엘을 이끌기에는 광야 시절을 두루 겪었고 신실하게 하나님을 신뢰하며 모세를 도운 여호수아가 적격이었을 것입니다.

하겠소! 28 각 지파의 장로들과 관리들을 모두 내 앞에 불러
모으시오. 내가 이 말씀을 그들의 귀에 들려주고, 하늘과 땅
을 증인으로 세우겠소. 29 나는 압니다. 내가 죽은 뒤에 당신
들은 스스로 부패하여, 내가 지시하는 길에서 벗어날 것이오.
당신들이 주님 앞에서 악한 일을 하고, 당신들이 손대는 온갖
일로 주님을 노엽게 하다가, 마침내 훗날에 당신들이 재앙을
받게 될 것이오."

모세의 노래

30 ○ 모세가 이스라엘 총회에 모인 모든 사람에게, 이 노래
를 끝까지 들려주었다.

{ 제32장 }

1 하늘아, 나의 말에 귀를 기울여라. 땅아, 나의 입에서 나오
는 말을 들어라. 2 나의 교훈은 내리는 비요, 풀밭을 적시는
소나기다. 나의 말은 맺히는 이슬이요, 채소 위에 내리는 가
랑비다. 3 내가 주님의 이름을 선포할 때에, 너희는 '우리의
하나님 위대하시다' 하고 응답하여라. 4 하나님은 반석, 하시
는 일마다 완전하고, 그의 모든 길은 올곧다. 그는 거짓이 없
고, 진실하신 하나님이시다. 의로우시고 곧기만 하시다. 5 그
러나 너희가 하나님께 맞서 악한 짓을 하니, 수치스럽게도 너
희는 이미 그의 자녀가 아니요, 비뚤어지고 뒤틀린 세대이다.
6 어리석은 백성아, 이 미련한 민족아, 너희는 어찌하여 주님
께 이처럼 갚느냐? 그는 너희를 지으신 아버지가 아니시냐?
너희를 만드시고 일으키신 분이 아니시냐? 7 아득한 옛날을
회상하여보아라. 조상 대대로 내려온 세대를 생각하여보아
라. 너희의 아버지에게 물어보아라. 그가 일러줄 것이다. 어

제법 긴 노래가 이어집니다. 시 같기도 하고 신앙고백 같기도 합니다. 어떤 대목은 역사 이야기나 예언으로 들립니다. 이 노래의 전체적인 주제는 무엇인가요? 31장 30절은 32장 내용을 두고 '이스라엘 총회에 모인 모든 사람'을 대상으로 한 '노래'라고 표현합니다. 노래, 즉 시 형태로 이루어진 32장은 한마디로 말해서 하나님과의 계약을 깨뜨린 이스라엘의 죄악에 대한 고발이라고 할 수 있습니다. 하나님께서 그들을 돌보셨고 모든 좋은 것을 주셨음에도 도리어 이스라엘 백성은 그 하나님을 버리고 하나님의 노여움을 불러일으키는 짓을 거듭했고, 결국 하나님의 심판을 겪게 될 것이라는 내용이 노래 전반에서 다루어집니다. 광야 여정이 아니라 가나안 땅에 들어간 이후 이스라엘의 거역을 다룬다는 점에서 32장 역시 이스라엘의 멸망을 경험한 이들에게 지난 거역과 불순종의 역사를 되돌아보며 현재를 올바르게 살아가라고 촉구하기 위해 이 자리에 놓였다고 볼 수 있습니다.

른들에게 물어보아라. 그들이 너희에게 말해줄 것이다. 8 가
장 높으신 분께서 여러 나라에 땅을 나누어주시고, 인류를 갈
라놓으실 때에 이스라엘 자손의 수효대로 민족들의 경계를
갈라놓으셨다. 9 그러나 주님의 몫은 그의 백성이니, 야곱은
그가 차지하신 유산이다. 10 주님께서 광야에서 야곱을 찾으
셨고, 짐승의 울음소리만 들려오는 황야에서 그를 만나, 감싸
주고, 보호하고, 당신의 눈동자처럼 지켜주셨다. 11 마치 독
수리가 그 보금자리를 뒤흔들고 새끼들 위에서 퍼덕이며, 날
개를 펴서 새끼들을 받아 그 날개 위에 업어 나르듯이, 12 주
님께서만 홀로 그 백성을 인도하셨다. 다른 신은 옆에 있지
도 않았다. 13 주님께서 그 백성에게 고원지대를 차지하게 하
시며, 밭에서 나온 열매를 먹게 하시며, 바위에서 흘러내리는
꿀을 먹게 하시며, 단단한 바위에서 흘러내리는 기름을 먹게
하셨다. 14 소젖과 양젖과 어린 양의 기름과, 바산의 숫양과
염소 고기와, 잘 익은 밀과 붉은 빛깔 포도주를 마시게 하셨
다. 15 이스라엘은 부자가 되더니, 반역자가 되었다. 먹거리
가 넉넉해지고, 실컷 먹고 나더니, 자기들을 지으신 하나님을

이스라엘과 하나님과의 관계를 되묻고 확인하는 내용이 이어집니다. 이스라엘은 하나님을 어떤 존재로 받아들이고 있는 건가요? 하나님께서 온 세상에 모든 민족을 이루시고 그들 각각에게 살아갈 땅을 나눠주셨으나, 오직 이스라엘은 하나님의 백성, 하나님의 몫으로 정하셨습니다. 이스라엘은 의롭고 진실하신 하나님의 이 말씀을 따라 그분의 백성으로 살아가도록 선택받은 이들입니다. 하나님께서는 그분의 백성을 모든 상황마다 눈동자처럼 지키고 인도하셨지만, 정작 이스라엘은 넉넉해지고 부자가 되더니 하나님을 버렸습니다. 화장실 들어갈 때와 나올 때 마음이 달라져버린 것입니다. 부자가 되자 이스라엘은 더 이상 하나님의 규례와 명령이 아니라 제 마음대로 살고 싶어졌습니다. 하나님을 가벼이 여기고 그분의 행하심을 업신여긴 것입니다.

저버리고, 자기들의 반석이신 구원자를 업신여겼다. 16 그들
은 이방 신을 섬겨서 주님께서 질투하시게 하였으며, 역겨운
짓을 하여 주님께서 진노하시게 하였다. 17 너희는 하나님도
아닌 신들에게 제사를 드렸다. 너희가 알지도 못하는 신들,
새롭게 나타난 새 신들, 너희 조상이 섬기지 않던 신들이다.
18 너희는 너희를 낳은 바위를 버리고, 너희를 낳은 하나님을
잊었다. 19 주님께서는 이것을 보시고 격분하셔서, 당신의 자
녀들과 인연을 끊으시고서, 20 이렇게 말씀하신다. '그들에게
나의 얼굴을 숨기겠다. 그들이 마침내는 어떻게 되는지, 두고
보겠다. 그들은 타락한 세대, 진실이라고는 털끝만큼도 없는
자들이다. 21 우상을 섬겨서 나를 격분시켰고, 신이 아닌 것
들을 신이라고 섬겨서 나의 질투에 불을 붙였다. 그러니 이제
나도, 내 백성이 아닌 딴 백성을 내 백성으로 삼아서, 그들의
질투심에 불을 붙이고, 어리석은 민족을 내 백성으로 만들어
그들을 격분시키겠다. 22 나의 분노에서 나오는 불꽃이 저 아
래 스올까지 타들어가며, 땅 위에 있는 모든 것들을 삼켜버리
고, 멧부리까지 살라버릴 것이다. 23 내가 온갖 재앙을 그들

'질투'라는 단어는 속 좁은 느낌이 들어서 왠지 하나님의 성품과는 어울리지 않는 것 같습니다. 하나님의 질투란 어떤 것인가요? 우리네 질투는 상대방을 내가 독점하는 것, 상대방이 더 좋은 것을 얻거나 누릴 기회까지 모두 차단한 채 나만 바라보게 하는 것입니다. 반면 하나님의 질투는 허황된 것, 즉 우상에게 굽신거리지 않게 하기 위한 행동입니다. 우상은 사람을 살릴 수 없으되 도리어 사람을 종으로 만들고, 사람이 옳고 바른 길을 걷도록 하는 데는 아무 관심이 없는 허황된 것입니다. 이스라엘이 자신을 지으신 하나님이 아니라 금이나 은으로 만들어진 조각상 같은 것에 굽신거리며 제물을 바치는 행태에 진노하시는 것이 하나님의 질투입니다. 그래서 이 질투는 독점을 위한 것이 아니라 더 나은 삶을 위한 것이며, 우상에게 매여 살아가는 것이 아니라 하나님께서 주신 자유로 사랑과 의로움을 선택하며 살아가게 하기 위한 것입니다.

에게 퍼붓고, 나의 화살을 모조리 그들에게 쏘겠다. 24 나는
그들을 굶겨서 죽이고, 불같은 더위와 열병으로 죽이고, 짐승
의 이빨에 찢겨서 먹히게 하고, 티끌 속을 기어 다니는 독사
의 독을 그들에게 보내겠다. 25 바깥에서는 칼에 맞아 죽고,
방 안에서는 놀라서 죽으니, 총각과 처녀, 젖먹이와 노인, 모
두가 다 같은 꼴을 당할 것이다. 26 본래는 내가 나의 백성을
다 흩어버려서 아무도 그들을 기억할 수 없게 하려고 하였으
나, 27 그렇게까지는 하지 않았으니, 원수들이 자랑하는 것을
내가 차마 볼 수 없기 때문이다. 나 주가 내 백성을 징벌한 것
인데도, 원수들은 마치 저희의 힘으로 내 백성을 패배시킨 것
처럼 자랑할 터이니, 그 꼴이 보기가 싫어서 내가 내 백성을
전멸시키지는 않았다.' 28 이스라엘은 어리석은 백성, 깨닫지
도 못하는 백성이다. 29 자기들이 왜 패배를 당하였는지를 깨
달을 지혜라도 있었으면 좋으련만! 그들의 종말이 어떻게 될
지, 깨닫기만이라도 했으면 좋으련만! 30 주님께서 자기의 백
성을 포기하지 않으셨다면, 그들의 반석께서 당신의 백성을
원수에게 팔아넘기지 않으셨다면, 어떻게 원수 한 사람이 이

하나님은 원수들이 자랑하는 꼴이 보기 싫어서 자기 백성을 전멸시키지 않았다고 말합니다(26-27절). 하나님에게도 원수들이 있나요? 이 원수들은 하나님의 경쟁 상대거나 적인가요? 여기서의 원수는 이스라엘을 대적하고 맞서는 이방 나라들을 가리킵니다. 이스라엘이 하나님을 거역했기 때문에 하나님께서 이방 나라를 들어 이스라엘을 심판하시지만, 이방 나라들은 자신들의 힘이 강해 이스라엘에게 이기는 것이라 여길 수 있습니다. 하나님께서는 이것이 싫어서 이스라엘을 전멸시키지 않고 살아남게 하셨다고 이르십니다. 하나님의 마음과 판단을 지극히 인간적인 말로 표현한 이 내용은 이스라엘에게 그들이 잘나서 살아남은 것이 아님을 깨우치게 하고, 이제라도 하나님의 행하심을 알고 돌이키라고 촉구하기 위한 말씀입니다.

스라엘 사람 천 명을 물리치고, 둘이서 만 명을 도망치게 할
수 있었겠는가? 31 우리의 원수까지도 자기들의 반석이 우리
의 반석보다 약함을 안다. 32 그들의 포도는 소돔의 포도나무
에서 온 것이며, 고모라의 밭에서 온 것이다. 그들의 포도에는
독이 있어서, 송이마다 쓰디쓰다. 33 그들의 포도주는 뱀의
독으로 담근 독한 술이요, 독사의 독이 그득한 술이다. 34 '이
독한 포도주는 내가 쓸데가 있어서 숨겨놓았던 것, 나중에 쓰
려고 곳간에 보관하여둔 것이다. 35 원수 갚는 것은 내가 하
는 일이니, 내가 갚는다. 원수들이 넘어질 때가 곧 온다. 재난
의 날이 가깝고, 멸망의 때가 그들에게 곧 덮친다.' 36 그들이
기진맥진하고, 갇힌 사람도 놓인 사람도 하나도 남지 않았을
때에, 주님께서는 당신의 백성을 심판하시고, 당신의 종들을
불쌍히 여기실 것이다. 37 그때에 주 하나님이 말씀하신다.
'그들의 신들이 어디에 있느냐? 그들이 피난처로 삼던 그 반
석은 어디에 있느냐? 38 그들이 제물로 바친 그 기름을 먹고,
부어 바친 포도주를 받아 마시던 그 신들이 어디에 있느냐?

모세는 마치 하나님에게 들은 양, 하나님의 마음과 생각을 모두 알고 있는 것처럼 이야기합니다. 이런 부분은 어떻게 이해해야 하나요? 오늘날에는 온라인으로, 또 오프라인 매장에서 성경을 얼마든지 쉽게 구입할 수 있습니다. 그러나 지금으로부터 수천 년 전 고대 세계에는 하나님의 뜻을 사람들이 확인하고 알 수 있는 통로가 거의 없었고, 모세와 같은 사람을 찾아가지 않으면 들을 수 없었을 것입니다. 오늘날에는 하나님께서 사람에게 직접 무엇을 이르시는 것을 거의 볼 수 없지만, 달리 하나님의 뜻을 알기 어려웠던 고대에는 하나님께서 친히 모세와 같은 예언자를 통해 하나님의 뜻을 알리셨으리라 여겨집니다. 하나님께서 직접 하신 말씀만이 아니라 하나님을 만나고 그분의 뜻을 깨달은 사람들이 그에 대해 나눈 내용 역시 하나님께로부터 주어진 말씀이라 후대 사람들은 믿고 받아들였습니다. 그 결과가 32장과 같은 모세의 노래일 것입니다.

그들이 일어나 너희를 돕게 하고, 그들이 너희의 피난처가 되
게 하여라. 39 그러나 이제는 알아라. 나, 오직 나만이 하나님
이다. 나밖에는 다른 신이 없다. 나는 죽게도 하고 살게도 한
다. 나는 상하게도 하고 낫게도 한다. 아무도 내가 하는 일을
막지 못한다. 40 내가 하늘로 손을 들고, 내가 나의 영원한 삶
을 두고 맹세한다. 41 나는 나의 칼을 날카롭게 갈아서, 내 손
으로 재판을 주관하며, 내 원수들에게 보복할 것이다. 나를
미워하는 자들에게 보응하겠다. 42 피살자와 포로들의 피, 적
장의 머리에서 나온 피, 내 화살이 이 피를 취하도록 마시고,
내 칼이 그 고기를 실컷 먹을 것이다.' 43 모든 나라들아, 주
님의 백성과 함께 즐거워하여라. 주님께서 그 종들의 피를 흘
린 자에게 원수를 갚으시고 당신의 대적들에게 복수하신다.
당신의 땅과 백성이 지은 죄를 속하여주신다.

모세의 마지막 말

44 ○ 모세는 눈의 아들 여호수아와 함께 가서, 백성에게 이
노래를 모두 다 들려주었다. 45 모세가 이 모든 말을 온 이스

므리바 샘에서 있었던 일은 무슨 일을 말하는 건가요? 이 사건에서 모세가 저지른 믿음 없는 행동은 무엇인가요? 이와 연관된 내용을 구약성경 민수기 20장 2-13절에서 볼 수 있습니다. 광야에서 백성들이 마실 물이 없어 불평하자 하나님께서는 모세에게 "바위에게 명하여 물을 내어 백성으로 마시게 하라"고 이르셨습니다. 그때 모세는 백성을 향해 "우리가 어떻게 이 바위에서 물을 나오게 하리오?"라고 말하며 바위를 2번 쳤고, 물이 많이 나와 백성이 마실 수 있었습니다. 이를 두고 하나님께서는 모세가 하나님을 믿지 않았고, 하나님의 거룩하심을 나타내지 않았으므로 가나안 땅에 모세는 들어갈 수 없다 하셨습니다. "우리가 어떻게 물을 나오게

라엘 사람에게 한 뒤에, 46 그들에게 말하였다. "오늘 내가
당신들에게 증언한 모든 말을, 당신들은 마음에 간직해두고,
자녀에게 가르쳐, 이 율법의 모든 말씀을 지키게 하십시오.
47 율법은 단지 빈말이 아니라, 바로 당신들의 생명입니다. 이
말씀을 순종하십시오. 그래야만 당신들이 요단강을 건너가 차
지하는 땅에서 오래오래 살 것입니다."
48 ○ 바로 같은 날, 주님께서 모세에게 말씀하셨다. 49 "너
는 여리고 맞은쪽 모압 땅에 있는 아바림산 줄기를 타고 느보
산 꼭대기에 올라가서, 내가 이스라엘 자손에게 소유로 준 가
나안 땅을 바라보아라. 50 너의 형 아론이 호르산에서 죽어
백성에게로 돌아간 것같이, 너도, 네가 오른 이 산에서 죽어
서 조상에게로 돌아갈 것이다. 51 이는, 네가 신 광야에 있는
가데스의 므리바 샘에서 물이 터질 때에, 이스라엘 자손이 보
는 데서 믿음 없는 행동을 하고, 이스라엘 자손에게 나의 거
룩함을 나타내지 않았기 때문이다. 52 너는, 내가 이스라엘
자손에게 주는 저 땅을 눈으로 바라보기만 하고, 그리로 들어
가지는 못할 것이다."

하리오?"와 같은 표현을 한 것, 그리고 지팡이로 바위를 2번 친 것 역시 하나님의 명령과는 차이 나는 행동이기도 합니다. 중요한 것은 모세의 능력이 아니라 백성을 위한 하나님의 행하심인데, 모세의 말과 행동은 그것을 충분히 드러내지 못했다고 여겨집니다.

{ 제33장 }

모세의 축복

1 하나님의 사람 모세는 죽기 전에, 이스라엘 자손에게 다음과
같이 복을 빌어주었다. 2 주님께서 시내산에서 오시고, 세일
산에서 해처럼 떠오르시고, 바란산에서부터 당신의 백성을 비
추신다. 수많은 천사들이 그를 옹위하고, 오른손에는 활활 타
는 불을 들고 계신다. 3 주님께서 뭇 백성을 사랑하시고, 그에
게 속한 모든 성도를 보호하신다. 그러므로 우리가 주님의 발
아래에 무릎을 꿇고, 주님의 말씀에 귀를 기울인다. 4 우리는
모세가 전하여준 율법을 지킨다. 이 율법은 야곱의 자손이 가
진 소유 가운데서, 가장 으뜸가는 보물이다. 5 연합한 지파들
이 모이고, 백성의 지도자들이 모인 가운데서, 주님께서 이스
라엘의 왕이 되셨다. 6 "르우벤은 비록 그 수는 적으나, 잘 살
게 하여주십시오, 절대로 망하지 않게 하여주십시오." 7 그가
유다를 두고서 이렇게 말하였다. "주님, 유다가 살려달라고

모세가 각 지파들을 축복하기 전에 그려진 모습은 마치 한 장의 그림 같기도 하고, 누군가의 상상 같기도 합니다. 어떻게 봐야 하나요? 29-32장에서 이스라엘이 결국 불순종해서 멸망하고 쫓겨나게 될 것이라는 날카로운 내용을 다루었다면, 32장은 이스라엘 백성을 향한 축복을 가득 담은 따뜻한 내용을 다룹니다. 본문 1절에서 모세는 '하나님의 사람'이라 불리는데, 이런 호칭은 예언자를 가리키는 데 쓰입니다. 예언자는 하나님을 대신해 백성에게 책망과 경고의 말씀도 전하지만, 이처럼 하나님을 대신해 축복의 말씀을 전하기도 합니다. 신명기에서 모세의 마지막 말로 소개되는 33장은 그 백성의 복된 미래를 향한 말씀을 전하면서, 이스라엘에게 이러한 복된 날을 기억하고 소망하며 살아가도록 격려합니다.

부르짖을 때에 들어주십시오. 유다 지파가 다른 지파들과 다
시 하나가 되게 하여주십시오. 주님, 유다를 대신하여 싸워주
십시오. 그들의 원수를 치시어 그들을 도와주십시오." 8 레위
지파를 두고서, 그는 이렇게 말하였다. "레위에게 주님의 둠
밈을 주십시오. 주님의 경건한 사람에게 우림을 주십시오. 주
님께서 이미 그를 맛사에서 시험하시고, 므리바 물가에서 그
와 다투셨습니다. 9 그는 자기의 부모를 보고서도 '그들을 모
른다'고 하였고 형제자매를 외면하고, 자식마다 모르는 체하
면서, 주님의 계명에 순종하였으며, 주님의 언약을 성실하게
지켰습니다. 10 그들은 주님의 백성 야곱에게 주님의 바른길
을 가르치며, 이스라엘에게 주님의 율법을 가르치며, 주님 앞
에 향을 피워 올리고, 주님의 제단에 번제 드리는 일을 계속
하고 있습니다. 11 주님, 그들이 강해지도록 복을 베풀어주시
고, 그들이 하는 모든 일을 기쁘게 받아주십시오. 그들과 맞
서는 자들의 허리를 꺾으시고, 그들을 미워하는 자들을 다시
는 일어나지 못하게 하여주십시오." 12 베냐민 지파를 두고

모세의 축복은 각 지파에 대한 예언적인 성격이 포함되어 있나요? 대략 어떤 특징들이 있나요? 예언은 단순히 앞일을 맞추는 것이 아니라, 하나님의 말씀에 따라 현재를 평가하고 미래를 소망하게 한다는 점에서 하나님 말씀에 기초한 시각 혹은 세계관이라고 할 수 있습니다. 열두 지파에 대한 축복의 말씀은 하나님의 사람으로서 모세가 전한 것이기에 예언입니다. 예언이라고 해서 무조건 그렇게 성취된다는 의미가 아니라, 시각이자 세계관이기에 그러한 복된 상태를 꿈꾸면서 그를 향해 나아가도록 격려하는 기능을 합니다. 시므온 지파가 빠지고, 그 대신 요셉 지파를 므낫세와 에브라임 둘로 나누어(17절) 열둘의 숫자를 유지합니다. 열두 지파 가운데 북왕국을 대표하는 요셉 지파, 남왕국을 대표하는 유다 지파, 그리고 성전에서 봉사하는 직무를 맡은 레위 지파를 강조하면서, 온 이스라엘을 향한 축복의 말씀을 전한다고 볼 수 있습니다.

서, 그는 이렇게 말하였다. "주님께서 사랑하시는 베냐민은
주님의 곁에서 안전하게 산다. 주님께서 베냐민을 온종일 지
켜주신다. 베냐민은 주님의 등에 업혀서 산다." 13 요셉 지파
를 두고서, 그는 이렇게 말하였다. "주님께서 그들의 땅에 복
을 내리실 것이다. 위에서는 하늘의 보물 이슬이 내리고, 아
래에서는 지하의 샘물이 솟아오른다. 14 햇빛을 받아 익은 온
갖 곡식과, 달빛을 받아 자라나는 온갖 과실이, 그들의 땅에
풍성할 것이다. 15 태고 적부터 있는 언덕은 아주 좋은 과일
로 뒤덮일 것이다. 16 불타는 떨기나무 가운데서 말씀하시는
주님, 선하신 주님께서 그들의 땅에 복을 베푸시니, 그 땅이
온갖 좋은 산물로 가득할 것이다. 요셉이 그 형제 가운데 지
도자였으니 이런 복을 요셉 지파가 받을 것이다. 17 그들은 첫
수송아지와 같은 힘으로, 황소의 뿔과 같은 위력으로, 그 뿔
로 만방을 들이받아 땅끝까지 휩쓸 것이니, 에브라임의 자손
은 만만이요, 므낫세의 자손은 천천이다." 18 스불론 지파와
잇사갈 지파를 두고서, 그는 이렇게 말하였다. "스불론은 해
상무역을 하여 번성하고 잇사갈은 집에 재산을 쌓는다. 19 그
들은 외국 사람을 그들의 산마을로 초청하여, 거기서 의의 제

다른 지파들에 비해 레위 지파를 향한 모세의 축복은 조금 길어 보입니다. 모세가 강조한 내용은 무엇인가요? 우림과 둠밈은 레위 자손 제사장이 직무를 수행하며 백성들에게 하나님의 뜻을 알려주는 데 쓰이는 도구입니다(출 28:30). 이 우림과 둠밈에 대한 언급은 레위 지파가 하나님의 뜻을 바르게 깨달아 백성에게 그 뜻을 알리는 근본적인 직무를 제대로 수행하는 복을 주시기를 구하는 것입니다. 9절 말씀은 이스라엘이 금송아지를 만들어 경배한 사건에서 모세를 도와 우상숭배를 한 백성을 처벌한 레위인들의 결단을 가리킵니다(출 32:26-29). 레위 사람 제사장이 제 역할을 올바르게 수행할 때, 백성들이 주 하나님을 바르게 예배하며 하나님의

사를 드린다. 바닷속에서 얻는 것으로 부자가 되고, 바닷가
모래 속에서도 감추어져 있는 보물을 취한다." 20 갓 지파를
두고서, 그는 이렇게 말하였다. "갓 지파의 땅을 넓혀주신 하
나님을 찬송하여라. 갓은 사자처럼 누웠다가, 사로잡은 먹이
의 팔과 머리를 찢는다. 21 그들은 가장 좋은 땅을 차지하였
다. 한 지도자의 몫이 그들에게 배정되었다. 이스라엘의 지도
자들이 함께 모였을 때에, 그들은 주님의 공의를 지키고 율법
에 복종하였다." 22 단 지파를 두고서, 그는 이렇게 말하였다.
"단은 바산에서 뛰어나오는 사자 새끼와 같다." 23 납달리 지
파를 두고서, 그는 이렇게 말하였다. "은혜를 풍성히 받은 납
달리야, 주님께서 주시는 복을 가득 받은 납달리야! 너희는
서쪽과 남쪽을 차지하고 살아라." 24 아셀 지파를 두고서, 그
는 이렇게 말하였다. "아셀 지파는 다른 어느 지파보다 복을
더 많이 받은 지파다. 그들은 형제들에게서 귀여움을 받으며,
그들의 땅은 올리브나무로 가득히 찬다. 25 쇠와 놋으로 만든
문빗장으로 너희의 성문을 채웠으니, 너희는 안전하게 산다."
26 "이스라엘 백성아, 너희의 하나님과 같은 신은 달리 없다.
하나님이 너희를 도우시려고, 하늘에서 구름을 타시고 위엄

바른 길을 따라 살아갈 수 있습니다. 이러한 중요성 때문에 모세는 이제 그들 앞에 놓인 길을 걸어갈 이스라엘 백성을 생각하며 레위 지파에 특별히 강조를 두어 축복했습니다.

있게 오신다. 27 예부터 하나님은 너희의 피난처가 되시고,
그 영원한 팔로 너희를 떠받쳐주신다. 너희가 진격할 때에 너
희의 원수를 쫓아내시고, 진멸하라고 명령하신다. 28 곡식과
포도주가 가득한 이 땅에서, 하늘에서 내리는 이슬에 흠뻑 젖
는 이 땅에서, 이스라엘이 평화를 누린다. 야곱의 자손이 안
전하게 산다. 29 이스라엘아, 너희는 복을 받았다. 주님께 구
원을 받은 백성 가운데서 어느 누가 또 너희와 같겠느냐? 그
분은 너희의 방패이시요, 너희를 돕는 분이시며, 너희의 영광
스런 칼이시다. 너희의 원수가 너희 앞에 와서 자비를 간구하
나, 너희는 그들의 등을 짓밟는다."

한 민족을 이끈 지도자가 죽음을 앞두고 각 지파마다 축복하는 것은 자연스러워 보입니다. 혹시 이것은 이스라엘의 문화라고도 볼 수 있나요? 신명기 마지막 부분에 모세의 유언이 있다면, 구약성경 창세기 마지막 부분에는 야곱의 유언이 있습니다(창 49장). 특히 고대에는 죽음을 목전에 둔 이들의 유언을 통해 말하는 '유언문학'이 성행해서, 성경이 아닌 문서들 중에 '열두 조상 유언서' 같은 것들이 많았습니다. 죽음을 앞두고 전하는 유언은 평범한 사람에게도 특별합니다. 죽음의 목전에서 욕심을 부리거나 미련을 가지는 경우는 드물다는 점에서, 가장 객관적이고 사심 없는 진심을 나눌 것입니다. 그래서 무엇인가 꼭 전하고 싶은 것이 있을 때, 유언문학의 형식을 빌렸을 것이라 짐작할 수 있습니다. 야곱의 유언과 모세의 유언 모두 열두 지파를 대상으로 했으며, 야곱의 유언에는 그저 축복이 아니라 단호한 비판도 담겨 있습니다. 반면 모세의 유언은 전부 축복으로 이루어졌는데, 이것은 비판적인 내용이 이미 신명기 29–32장에 충분히 다루어졌기 때문일 겁니다.

{ 제34장 }

모세의 죽음

1 모세가 모압 평원, 여리고 맞은쪽에 있는 느보산의 비스가
봉우리에 오르니, 주님께서는 그에게, 단까지 이르는 길르앗
지방 온 땅을 보여주셨다. 2 또 온 납달리와 에브라임과 므낫
세의 땅과 서해까지 온 유다 땅과 3 네겝과 종려나무의 성읍
여리고 골짜기에서 소알까지 평지를 보여주셨다. 4 그리고 주
님께서 그에게 말씀하셨다. "이것은 내가 아브라함과 이삭과
야곱에게 맹세하여 그들의 자손에게 주겠다고 약속한 땅이
다. 내가 너에게 이 땅을 보여주기는 하지만, 네가 그리로 들
어가지는 못한다." 5 주님의 종 모세는, 주님의 말씀대로 모
압 땅에서 죽어서, 6 모압 땅 벳브올 맞은쪽에 있는 골짜기에
묻혔는데, 오늘날까지 그 무덤이 어디에 있는지를 아는 사람
은 아무도 없다. 7 모세가 죽을 때에 나이가 백스무 살이었으

주님께서 모세에게 보여주신 땅을 보는 시점이 마치 하늘에서 보는 것처럼 서술되어 있고, 그의 무덤은 찾을 수 없다고 합니다. 모세는 승천한 것인가요? 모세의 무덤을 아는 이가 없어서 승천했으리라는 전설까지 생겼지만, 본문은 엄연히 모세가 죽었다고 증언합니다. 그의 무덤을 후대가 알았더라면 아마 그곳은 또 다른 숭배 장소가 되었을 것이고, 그것은 평생토록 오직 하나님 한 분만을 섬기기를 촉구했던 모세의 뜻과는 전혀 다른 결과입니다. 모세와 같이 하나님을 직접적으로 만난 예언자는 다시 없을 것입니다. 모세의 특별함은 모세를 통해 이스라엘에게 전해진 율법 말씀의 특별함으로 이어집니다. 신명기 마지막 장에 실린 모세에 대한 칭송은 모세 개인에 대한 칭송이라기보다는 모세를 통해 전해진 하나님의 율법 말씀의 권위와 특별함을 뒷받침합니다.

나, 그의 눈은 빛을 잃지 않았고, 기력은 정정하였다. 8 이스
라엘 백성은, 모압 평원에서 모세의 죽음을 애도하는 기간이
끝날 때까지, 모세를 생각하며 삼십 일 동안 애곡하였다.
9 ○ 모세가 눈의 아들 여호수아에게 안수하였으므로, 여호수
아에게 지혜의 영이 넘쳤다. 이스라엘 자손은, 주님께서 모세
에게 명하신 대로, 여호수아의 말을 잘 듣고 그를 따랐다.
10 ○ 그 뒤에 이스라엘에는 모세와 같은 예언자가 다시는 나
지 않았다. 주님께서는 얼굴과 얼굴을 마주 대고 모세와 말씀
하셨다. 11 주님께서는 그를 이집트의 바로와 그의 모든 신하
와 그의 온 땅에 보내셔서, 놀라운 기적과 기이한 일을 하게
하셨다. 12 온 이스라엘 백성이 보는 앞에서, 모세가 한 것처
럼, 큰 권능을 보이면서 놀라운 일을 한 사람은 다시 없다.

주님,

사랑하는 당신의 계명을 향해

손을 듭니다.

우리의 눈을 여소서.

그리하여 오직 당신께

우리의 마음을 모으게 하소서.

우리의 마음을 움직이소서.

그리하여 오직 당신만을

간절히 원하게 하소서.

우리의 걸음을 인도하소서.

그리하여 당신의 계명을 따라 걷게 하소서.

거룩하신 주님, 우리의 주인이 되소서.

당신 외에는, 그 누구도,

그 어떤 것도 따르지 않게 하소서.

_ 랜슬럿 앤드류스

창세기 우주와 세상 만물, 시간, 인류가 어디서 비롯되었으며 어떻게 존재하게 되었는지 설명한다. 한편으로는 하나님께서 손수 인간을 빚어 만드신 뜻은 무엇이며, 그 하나하나와 어떤 관계를 맺고 싶어 하시는지, 인류를 향해 어떤 계획과 기대를 가지고 있으며 또 무얼 약속하시는지, 그 약속이 어떻게 한 세대에서 다음 세대로 꿋꿋이 흘러내려 갔는지 그려낸다. 천지창조의 파노라마에서 출발해서, 약속을 간직한 야곱 일가가 기근을 피해 이집트로 내려가 정착한 내력으로 마감된다.

출애굽기 이집트에서 종살이를 하던 이스라엘 백성의 탈출기. 하나님은 모세라는 지도자를 내세워 가혹한 착취와 노역에 시달리던 이스라엘 백성을 건져내 약속의 땅으로 안내하신다. 끝까지 거부하고 버티는 파라오에게 내린 열 가지 엄청난 재앙, 바다가 갈라져 길이 열리는 사건을 비롯해 하나님께서 이스라엘 백성에게 베푸신 갖가지 기적 등 흥미진진한 이야기들이 실려 있다. 두고두고 지키도록 하나님께서 직접 정해주신 여러 절기와 예배의식, 법률 제도 등도 볼 수 있다.

레위기 이스라엘 백성이 지켜야 할 규칙을 모은 법률서. 언약을 품은 백성이 깨끗한 삶과 마음으로 하나님과 친밀한 관계를 맺으며 살아갈 여러 방법을 구체적으로 제시한다. 하나님께 드리는 제사와 제물의 종류, 제사장의 자격과 권위, 정결한 짐승과 부정한 짐승, 성적인 규례, 결혼과 가정을 둘러싼 제도, 사형으로 다스려야 할 범죄, 땅의 소유권, 안식년과 희년 제도 등을 자세히 다룬다.

민수기 두 차례의 인구조사 기록을 밑그림으로 이스라엘 백성의 광야 생활을 따라간다. 종살이에서 풀려난 감격은 어느 결에 사라지고 불평과 불만이 이스라엘 백성 가운데 자리 잡는다. 원망은 모세와 그 가족, 그리고 실질적으로는 하나님을 향하기에 이르고, 마침내 온 백성이 불순종의 대가를 치르게 된다. 이집트에서 출발한 첫 세대는 영영 약속의 땅에 들어가지 못하고 광야에서 스러지고 만다.

신명기 약속의 땅을 코앞에 두고, 모세가 이스라엘 백성에게 남긴 마지막 당부. 모세는 이집트의 손아귀에서 벗어난 뒤로 40년에 걸쳐 광야를 떠돌았던 세월을 되짚는다. 하나님을 외면하고 우상을 숭배했던 죄를 지적하는 한편, 그럼에도 불구하고 조금도 부족함 없이 먹이고 입힌 하나님의 돌보심을 일깨운다. 이어서 율법의 가르침을 일일이 꼽아가며 하나님 앞에서 거룩하게 사는 일이 얼마나 중요한지 강조한다. 하나님의 법에 따르는 이가 누릴 축복과 거부하는 이에게 향하는 저주를 낱낱이 열거한다. 모세가 눈을 감으면서 이스라엘 역사도 새로운 국면으로 넘어간다.

여호수아기 새로운 지도자 여호수아를 따라 요단강을 건넌 이스라엘 백성의 가나안 정복기. 하나님의 능력에 힘입어 견고하기 이를 데 없는 여리고 성을 무너뜨리면서 시작된 정복 전쟁은 치열한 공방을 거듭하며 길게 이어진다. 하나님께서 알려주신 전투 원칙에 충실했을 때는 어김없이 승리를 거뒀지만, 자만해서 또는 속임수에 넘어가 명령을 어겼을 때는 막대한 피해를 입었다. 여호수아는 싸워 얻은 땅들을 각 지파에 나눠주고, 끝까지 하나님께 충실하겠다는 백성의 다짐을 받는다.

사사기 모세와 여호수아 이후, 이스라엘에 임금이 나오기 전까지 긴 세월 동안 백성을 다스렸던 숱한 지도자(사사)들의 이야기. 약속의 땅에 자리를 잡았지만, 이스라엘 백성은 누가 자신들의 참 하나님인지를 이내 잊고 말았다. 신앙은 흐트러지고, 우상숭배가 만연했다. 세상은 거칠어졌고, 틈만 나면 뭇 민족들의 침략과 압제에 시달렸다. 하나님은 그때마다 사사들을 세워 백성을 구출하고, 그분과 맺은 약속을 소중히 여기라고 요구하신다.

룻기 사사 시대에 살았던 룻이라는 여인의 일대기. 독특하게도 주인공 룻은 히브리인이 아니었다. 멸시의 대상이었던 이방인, 그것도 이스라엘과 적대지간인 모압의 여인이 어떻게 히브리 역사의 한 장을 차지하게 되었을까? 남편과 사별하고, 먹고살 길조차 막막했던 이방 여인이 율법이 정한 의무를 충실히 이행하려는 진실한 사내와 만나 건강하고 안정된 삶을 회복하는 이 단순한 이야기가 오늘을 사는 우리에게 전하는 메시지는 무엇일까?

사무엘기상 사사의 시대가 마무리되고 왕의 통치가 시작되는 시기의 거대한 역사 드라마. 주요 등장인물은 사무엘, 사울, 다윗이다. 일찌감치 제사장 손에 맡겨져 성전에서 살았던 사무엘은 곧바른 사사로 성장하고, 이스라엘의 왕정을 여는 중책을 맡는다. 첫 왕 사울은 뛰어난 자질을 가졌지만 제 힘과 능력을 과신한 탓에 서서히 몰락의 길을 걷는다. 하나님의 명령에 따라 사무엘은 다시 다윗에게 기름을 붓고 왕위를 넘긴다. 저 유명한 '다윗과 골리앗'의 한판 승부 이야기도 여기서 볼 수 있다.

사무엘기하 이스라엘 역사를 통틀어 가장 위대한 임금으로 꼽히는 다윗의 통치와 추락을 그린다. 난국을 진정시키고 왕위에 오른 그는 주변 국가들을 잇달아 굴복시키고 빼앗겼던 법궤를 되찾았으며, 영토를 크게 넓혀 강국으로 성장할 토대를 놓는다. 하지만 간통을 저지르고 충직한 부하를 사지에 내몰아 죽게 하는 치명적인 범죄를 저지르면서 단번에 추락하고 만다. 이윽고 사랑했던 아들이 반란을 일으키고, 함께 사지를 넘나들었던 신하들이 갈라져 서로 죽이는 비극적인 사태가 벌어진다.

열왕기상 솔로몬과 그 이후에 등장한 왕들, 그리고 걸출한 예언자들의 행적을 기록한 책. 왕위 다툼의 최종 승자가 된 솔로몬은 통치 초기, 대대적인 제사를 드리고 웅장한 성전을 건축하는 등 하나님을 향한 진심을 드러낸다. 하지만 명성과 권력이 드높아지자 초심을 잃고 백성에게 높은 세금과 힘든 노역을 강요하는 한편, 끝없는 정략결혼으로 동맹을 늘려간다. 결국 솔로몬이 눈을 감기 무섭게 왕국은 이스라엘과 유다로 갈라진다. 두 나라는 제각기 왕위를 이어가며 끝없이 부대낀다. 하나님은 엘리야를 통해 권능을 드러내 보이며 거룩한 약속을 상기시키고 회개를 촉구하신다.

열왕기하 이스라엘과 유다 왕국이 차례로 무너져 내리는 쇠락의 역사를 다룬다. 하나님은 예언자들을 숱하게 보내 멸망을 경고하고 바른길로 돌아서길 요구하시지만, 두 나라의 대다수 임금들은 귀를 단단히 틀어막고 거룩하지 못한 삶으로 오로지한다. 예언자 엘리야의 뒤를 이은 엘리사는 수없이 많은 기적들을 일으키고 개혁을 부르짖었지만, 보람을 얻지 못한다. 결국 북쪽 이스라엘은 앗시리아에, 남쪽 유다는 바빌론에 차례로 멸망당하고 만다.

역대지상 아담부터 다윗에 이르는 이스라엘의 방대한 족보, 그리고 다윗이 통치하던 시절의 역사를 기록한 책. 족보는 포로로 끌려갔다 간신히 고향으로 돌아온 이스라엘 백성에게 민족의 정체성을 확인시키고 궁극적으로 되돌아가야 할 지점이 어디인지 가리켜 보여준다. 족보를 상세하게 소개한 뒤에는 언약궤를 되찾고 성전 지을 준비를 완벽하게 갖춰놓았던 다윗 임금에 초점을 맞춘다. 다윗 왕국은 영광스러운 역사의 첫 줄이었고, 성전은 하나님과 맺은 약속의 상징이었기 때문이다.

역대지하 역대지하는 솔로몬 왕국으로 시선을 돌린다. 솔로몬이 지은 성전이 얼마나 화려하고 웅장했는지, 그 안에 들어가는 기구 하나하나까지 상세히 그려가며 소개한다. 아울러 솔로몬의 부귀와 영화가 얼마나 대단했으며 지혜가 얼마나 탁월했는지 낱낱이 되새김질한다. 뒤를 이은 임금들의 발자취를 따라가며 이스라엘이 몰락하고 포로 신세가 되었음을 알리지만, 끝머리에는 고레스가 내린 해방 명령을 실어 또 다른 시대가 열릴 것임을 예고한다.

에스라기 페르시아로 끌려갔다가 풀려난 이스라엘 백성의 귀향, 그리고 성전과 성벽을 다시 세우는 힘겨운 씨름, 무너진 이스라엘 백성의 신앙을 되세우려는 선지자 에스라의 분투를 다룬다. 기적처럼 포로 신세에서 벗어나 고향으로 돌아온 백성은 감격 속에 제사를 드리고 성전과 성읍 재건에 나서지만, 완공을 보기까지는 악랄하고도 치밀한 적들의 방해 공작에 시달려야 했다. 뒤늦게 2진을 이끌고 이스라엘에 돌아온 에스라는 신앙이 형편없이 흐트러진 동포들의 모습에 경악하고 곧장 회복운동에 나선다.

느헤미야기 에스라와 비슷한 시대를 살았던 느헤미야가 고향으로 돌아와 펼친 개혁운동을 담고 있다. 바빌론에서 임금을 모시는 관리로 일하던 느헤미야는 재건 공사가 지지부진하다는 고국 소식에 귀환을 결심한다. 고향에 돌아온 느헤미야는 적대 세력의 압박을 뿌리치고 여러 가문과 힘을 모아 재건 공사를 마무리한다. 마침내 공사가 끝나자, 이스라엘 백성은 한데 모여 율법을 낭독하고, 죄를 뉘우치고, 예배를 드리고, 삶의 자세를 가다듬었다.

에스더기 페르시아의 임금 아하수에로의 왕비가 된 유대 여인 에스더의 파란만장 일대기. 에스더가 포로의 처지에서 단번에 왕비가 되었을 즈음, 유대인들은 총체적인 난국을 맞는다. 임금의 총애를 받는 고관 하만이 자신에게 고분고분 고개를 숙이지 않는 유대인들을 모조리 말살하기로 작정하고 실행에 들어간 까닭이다. 에스더는 제 목숨을 내놓고 동족을 살리는 데 앞장선다.

욥기 더없이 풍요롭고 행복한 삶을 누리던 이가 하루아침에 가진 걸 다 잃어버리고 고통의 수렁에 빠진다면, 그이의 뇌리엔 어떤 생각들이 오갈까? 나무랄 데 없이 선한 성품, 풍요로운 삶, 화목한 가정까지 무엇 하나 모자람 없던 욥은 거대한 불행에 휩쓸려 고통의 바다 깊숙이 가라앉고 만다. 친구들은 잘못한 게 있으니 벌을 받는 게 아니냐고 하지만, 욥으로선 불행의 원인을 도무지 가늠할 수 없다. 토론이 이어지고 목소리가 높아지지만, 결론은 나지 않는다. 이제 하나님의 답을 들어볼 차례다. 그분은 무어라 하시는가?

시편 하나님의 백성이 부르는 노래 모음. 다윗과 솔로몬을 비롯해 여러 시인들의 노래를 모았다. 하나님의 됨됨이와 이루신 일들을 높이고 찬양하는 노래가 많지만, 그것이 전부는 아니다. 더러는 베풀어주신 은혜에 감격하기도 하고, 괴로움을 호소하며 도움을 구하기도 하고, 허물을 고백하고 용서를 구하기도 하고, 하나님께서 주신 약속을 되새기기도 하며, 예배의 즐거움을 노래하기도 한다.

잠언 하나님을 임금으로 삼고 사는 백성의 눈으로 어떻게 세상을 살아야 할지 간결하게 정리한 글 모음. 지혜가 얼마나 소중한 보물인지 누누이 설명한 뒤, 좋은 친구를 사귀고, 슬기로운 말을 하고, 게으름과 성적인 유혹을 피하는 법 등 다양한 주제를 다룬다. 흔히 보는 교훈집이나 금언서와는 출발이 다르다. 잠언은 지혜의 근원을 하나님에 두는 까닭이다.

전도서 땅에 코를 박고 사는 이들에게 삶의 본질을 가리켜 보이며 고개를 들어 하늘을 올려다보라고 가르치는 책. "헛되고 헛되다. 모든 것이 헛되다"라는 선언에서 출발해 무슨 일이든 때가 있는 법임을 일깨운다. 인생은 불공평하며 한 치 앞도 알 수 없지만, 조바심칠 게 아니라 오늘을 살며 하나님을 바라보라고 권한다.

아가 두 연인이 나누는 사랑 노래. 낯빛이 까만 여인과 왕이기도 하고 목자이기도 한 사내는 끝없이 연모하고, 사랑을 나누며, 혼인의 즐거움을 만끽하고, 더불어 춤을 춘다. 둘이 서로를 그리워하며 쏟아내는 고백은 다정하고, 안타까우며, 사랑스럽고, 더러 에로틱하기까지 하다.

이사야서 네 임금의 치세와 흥망성쇠를 지켜본 선지자 이사야는 유다와 예루살렘에 관한 환상을 보고 백성에게 하나님이 주신 메시지를 선포한다. 하나님께 등을 돌린 '죄 지은 민족, 허물이 많은 백성, 흉악한 종자, 타락한 자식들'을 향해 심판이 코앞에 닥쳤음을 경고하는 반면, 다른 한편으로는 그럼에도 불구하고 더없이 큰 권세로 구원하시는 하나님의 사랑을 선포한다.

예레미야서 유다가 막바지를 향해 치닫던 시절에 활동했던 예언자 예레미야가 전하는 하나님의 메시지. 멸망이 코앞에 닥쳤으니 당장 뉘우치고 돌아서라 외쳤기에 백성의 격렬한 반발을 샀다. 임금과 백성의 비위를 맞추기에 급급한 사이비 예언자들의 모욕을 감수해야 했고, 옥에 갇히기도 했다. 하지만 예레미야는 암울한 미래를 예고하는 데 그치지 않고 하나님의 약속이 회복되는 궁극적인 미래를 가리켜 보인다.

예레미야 애가 유다의 참담한 미래를 내다보고 탄식하며 눈물짓는 예언자의 노래. 백성은 사로잡혀 사방팔방으로 뿔뿔이 흩어지고, 거룩한 성 예루살렘은 황폐해져 적막이 감돈다. 예언자는 이 모두가 마땅히 치러야 할 죗값임을 지적하고, 고아의 처지가 된 백성을 기억해주시길 하나님께 호소한다.

에스겔서 포로로 끌려간 바빌론에서 예언자로 활동했던 에스겔의 메시지. 앞선 책의 예언자들처럼 유다와 뭇 나라들에 쏟아질 하나님의 심판을 선포하고, 예루살렘의 회복과 축복을 예고하며, 하나님께서 더없이 가까이 함께해주실 미래를 소망한다. 책을 가득 채운 기이하고 기묘한 행적과 환상들은 이런 메시지들을 생생하게 전달하고 깊이 각인시킨다.

다니엘서 포로의 처지로 바빌론 왕궁에 살며 집중 관리를 받았던 유다 청년 다니엘이 하나님을 향한 순수한 마음을 지키기 위해 벌였던 씨름, 그리고 그이가 꿈에 보았던 놀라운 환상을 기록한 책. 한결같은 신앙을 가졌던 까닭에 다니엘은 일생일대의 위기를 겪지만, 하나님의 극적인 개입으로 목숨을 건진다. 후반부에는 다니엘이 보았던 기이한 환상과 상징들이 파노라마처럼 펼쳐진다.

호세아서 신앙적으로 한없이 타락하고 우상숭배가 극성을 부리던 이스라엘 땅에서 활동했던 예언자 호세아의 입을 통해 전하는 하나님의 메시지. 바람기 가득한 아내를 결코 포기하지 않고 줄곧 사랑을 이어가는 삶을 통해 하나님의 사랑이 얼마나 극진한지 한눈에 보여준다.

요엘서 유다와 예루살렘에 닥친 엄청난 자연재해를 소재로 예언자 요엘이 전한 하나님의 메시지. 예언자는 메뚜기 떼의 습격을 이민족의 침입에 빗대어 설명한 뒤, 뉘우치고 돌아오기를 기대하는 하나님의 마음을 전한다. 하나님은 진심으로 회개하면 재앙을 거두기도 하는 분임을 강조하며, 즉각적이고 전폭적인 회개를 촉구한다.

아모스서 종교적인 타락과 위선, 무너진 정의, 부패한 사회를 매섭게 비판했던 예언자 아모스가 전한 하나님의 메시지. 다마스쿠스와 모압을 비롯해 숱한 주변 국가들을 향한 하나님의 진노와 징계를 선포하고 이스라엘의 멸망을 예언하지만, 거룩한 질서가 회복된 미래에 대한 예고도 빼놓지 않는다.

오바댜서 예언자 오바댜의 입을 통해 에돔을 향한 노여움과 심판을 예고하시는 하나님의 메시지. 유다가 바빌론에 시달리는 모습을 지켜보며 돕기는커녕 도리어 웃음 짓던 오만한 에돔은 하나님의 손에 무너지고, 거룩한 백성이 승리를 거둘 것을 예고한다.

요나서 예언자 요나는 강대국 니느웨에 가서 죄를 꾸짖고 심판이 임박했음을 알리라는 하나님의 명령을 받지만, 순종 대신 도망을 택한다. 이후에 벌어지는 사건들은 속속들이 죄에 물든 인간일지라도 돌이키기만 하면 얼마든지 용서하시겠다는 하나님의 속내를 여실히 보여준다.

미가서 정의는 무너지고 죄악이 차고 넘치는 유다와 이스라엘을 꾸짖고, 거룩한 뜻과 질서가 지배하는 새로운 세상을 그려 보이며, 하나님께서 진정으로 원하시는 바가 무엇인지를 명쾌하게 제시한다.

나훔서 나훔이 선포한 하나님의 메시지로 '피의 도성, 거짓말과 강포가 가득하며 노략질을 그치지 않는 도성' 니느웨의 멸망을 예고한다. 하나님이 얼마나 크고 강하며 사랑이 가득한 분인지 설명하고, 그 권세가 어떻게 니느웨를 파멸에 이르게 할지 그림처럼 선명하게 보여준다.

하박국서 정의와 심판에 대한, 예언자 하박국과 하나님의 질의응답. 하박국은 세상에 이토록 불의가 가득한데 하나님은 어째서 짐짓 모른 체하시는가 따져 묻고, 하나님께서는 지체 없이 단호한 답변을 내놓으신다. 하박국은 "주 하나님은 나의 힘"이라는 고백으로 긴 대화를 마무리한다. 하나님은 과연 어떤 답을 주셨을까?

스바냐서 예언자 스바냐가 전하는 하나님의 메시지. 유다와 열방의 죄상을 통렬하게 지적하고 시시각각 다가오는 심판을 예고하는 한편, 징벌이 그치는 '그날이 오면' 축제 같은 즐거움이 가득하리라고 가르친다.

학개서 바빌론 포로 생활에서 풀려나 고국에 돌아온 뒤, 성전을 다시 세우기 위해 안간힘을 썼던 예언자 학개가 전하는 하나님의 메시지. 재건 작업이 지지부진한 현실 앞에서 성전을 다시 세우는 행위가 갖는 의미를 설파하고, "언약이 아직도 변함이 없고, 나의 영이 너희 가운데 머물러 있으니, 너희는 두려워하지 말라"는 거룩한 음성을 전달한다.

스가랴서 뿔과 대장장이, 측량줄, 대제사장 여호수아, 순금 등잔대와 두 올리브나무, 날아다니는 두루마리, 곡식 넣는 뒤주, 병거 네 대 등 기이하고 다양한 환상들을 기록하고, 선택한 백성을 향한 하나님의 구원 계획을 소개하는 예언자 스가랴의 글.

말라기서 구약성경의 마지막 책. 진실한 예배가 사라지고 말라비틀어진 형식만 남은 세상, 약자들이 억압받고 소외되는 불의한 사회를 고발하고, 하나님께서 '특사'를 보내셔서 온갖 불순한 동기와 행위들을 정결하게 하며 굽은 정의를 바로 세우시는 날이 기필코 오리라고 단언한다.

Bible in Hand | 교양인을 위한 성경

Bible in Hand | 교양인을 위한 성경 시리즈는 성경 원문의 뜻을 우리말 어법에 맞게 정확하게 번역한 〈성경전서 새번역〉 본문과 해제로 구성되어 있다. 성경을 읽으면서 생기는 질문에 답을 주는 질문과 해제 부분의 경우, 구약은 김근주 교수(기독연구원 느헤미야), 신약은 권연경 교수(숭실대 기독교학과)가 성경을 읽어가는 재미와 정보의 길안내를 맡았다.

구약

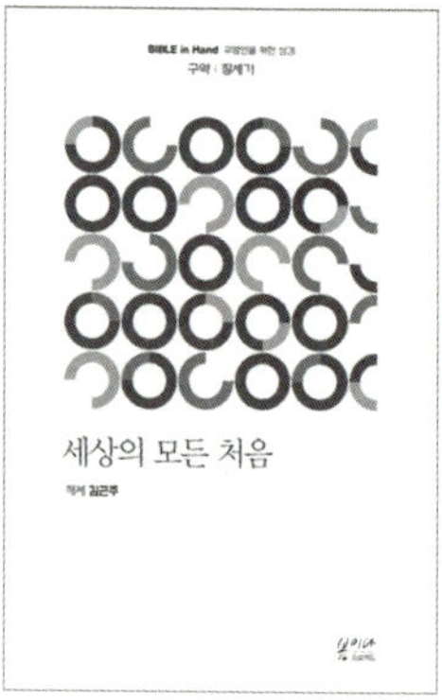

세상의 모든 처음
창세기 | 248p | 11,000원

영광의 탈출, 새로운 삶을 향하여
출애굽기 | 212p | 11,000원

선택, 어느 편에 설 것인가?
여호수아기 · 사사기 · 룻기 | 278p | 15,000원

왕국의 출발, 왕의 조건을 묻다
사무엘기(상 · 하) | 316p | 19,000원

하나님 없는 세상에서 하나님과 함께 살아가기
에스라기 · 느헤미야기 · 에스더기 | 192p | 9,000원

마음의 끝에서 부르는 새 노래
시편 | 358p | 19,000원

지혜와 삶과 사랑
잠언 · 전도서 · 아가 | 192p | 8,500원

어둠을 딛고 빛을 읽다
이사야서 | 278p | 15,000원

- **봄이다 프로젝트 페이스북** www.facebook.com/ltis.spring.2017
- **봄이다 프로젝트 블로그** https://blog.naver.com/hoon_bom
- **문의** hoon_bom@naver.com

신약

성취된 약속, 왕으로 온 메시아
마태복음서 | 188p | 10,000원

너희는 나를 누구라고 하느냐?
마가복음서 | 128p | 7,000원

예수 연대기 : 말구유에서 빈 무덤 너머까지
누가복음서 | 208p | 11,000원

검은 현실을 부수는 빛의 소리
요한복음서 | 156p | 8,000원

행진, 담대하게 거침없이
사도행전 | 176p | 8,500원

벼랑 끝 인생에게 주는 생존방정식
로마서 · 고린도전후서 · 갈라디아서 | 272p | 15,000원

- Bible in Hand | **교양인을 위한 성경 시리즈**는 구약 17권, 신약 9권으로 2023년 완간 예정이다.

BIBLE in Hand 교양인을 위한 성경

시민의 조건

구약 | 신명기

1쇄 발행일 2022년 8월 22일

펴낸이 최종훈
펴낸곳 봄이다 프로젝트
등록 2017-000003
주소 경기도 양평군 서종면 황순원로 414-58 (우편번호 12504)
전화 02-733-7223
이메일 hoon_bom@naver.com

책임편집 이나경 박준숙
디자인 designGo
표지 이미지 shutterstock
인쇄 SP

ISBN 979-11-92240-03-9
값 15,000원